Claudia Toll

TIERHEIMHUND und STREUNER

Kosmos

INHALT

Überlegungen am Anfang ▶ 4

- 6 ▶ Warum ein Hund aus zweiter Hand?
- 6 ▶ Er wird zu Ihrem Hund
- 8 ▶ Warum überhaupt ein Hund?
- 12 ▶ Woher kommt der Hund?
- 15 ▶ Ihr Hund aus dem Tierheim

Die Entscheidung ▶ 21

- 22 ▶ Die Kriterien der Wahl
- 22 ▶ Das Alter des Hundes
- 25 ▶ Die Größe des Hundes
- 27 ▶ Rüde oder Hündin?
- 29 ▶ Der Pflegeaufwand
- 29 ▶ Rasse oder Typ des Hundes
- 30 ▶ Spurensuche
- 31 ▶ Schnelltest
- 32 ▶ Vorbereitungen zu Hause
- 33 ▶ Die Erstausstattung
- 33 ▶ Abholen des Hundes
- 33 ▶ Der Weg nach Hause
- 34 ▶ Zeit und nochmals Zeit

Die erste gemeinsame Zeit ▶ 35

- 36 ▶ Ein neues Zuhause
- 38 ▶ Die erste Nacht
- 40 ▶ Zeiten festlegen
- 41 ▶ Der Alltag beginnt
- 43 ▶ Der erste Tierarztbesuch
- 45 ▶ Annäherungen
- 48 ▶ Hundeernährung
- 51 ▶ Der Umgangston

Zusammenleben im Alltag ▶ 53

- 54 ▶ Probleme werden sichtbar
- 55 ▶ Die Rangordnung
- 61 ▶ Loben und Belohnen
- 62 ▶ Bindung und Vertrauen
- 62 ▶ Strafen?
- 65 ▶ Umwelterziehung

Grunderziehung und Umerziehung ▶ 69

- 70 ▶ Nicht ohne Übung
- 75 ▶ So geht man vor
- 75 ▶ Korrekturen
- 77 ▶ »Komm«
- 82 ▶ »Nein«
- 83 ▶ »Sitz«
- 84 ▶ »Platz«
- 84 ▶ »Pfui«
- 84 ▶ »Aus«
- 85 ▶ »Fuß«
- 86 ▶ »Bleib«
- 86 ▶ »Warte«
- 87 ▶ Hilfsmittel
- 88 ▶ Hundeschulen

INHALT

Problemverhalten und Unarten ▶ 90
- 91 ▶ Ängste
- 95 ▶ Zerstörungen
- 97 ▶ Umweltängste
- 97 ▶ Abhauen, Streunen, Verfolgen, Wildern
- 99 ▶ Kläffen, Verbellen, Zuschnappen
- 100 ▶ Aggressionen
- 104 ▶ Schlechte Angewohnheiten

Sport und Spiel und Spaß ▶ 108
- 109 ▶ Auslauf
- 111 ▶ Hund am Fahrrad
- 112 ▶ Hundewanderungen
- 112 ▶ Viele Spiele
- 115 ▶ Im Verein
- 117 ▶ Urlaub

Service ▶ 118
- 119 ▶ Nützliche Adressen
- 119 ▶ Zum Weiterlesen
- 120 ▶ Register
- 122 ▶ Impressum
- 123 ▶ Hundepass
- 124 ▶ InfoLine

Überlegungen am Anfang

Überlegungen am Anfang

6 ▸ Warum ein Hund aus zweiter Hand?	12 ▸ Der Hund vom Tierschutz
6 ▸ Er wird zu Ihrem Hund	12 ▸ Die Notvermittlung
8 ▸ Und warum überhaupt ein Hund?	14 ▸ Hund auf Zeit
	14 ▸ Der Hund aus dem Urlaub
12 ▸ Woher kommt der Hund?	15 ▸ Ihr Hund aus dem Tierheim

▸ Warum ein Hund aus zweiter Hand?

Wer einen Hund haben möchte, muss nicht lange nach guten Gründen für einen Welpen suchen. Der junge Hund ist formbar, er kann nach eigenen Prinzipien, Vorstellungen und einem gewünschten Aufgaben- und Einsatzbereich erzogen werden. Sie haben es bei einem Welpen weitgehend selbst in der Hand, wie sich der Hund entwickelt, wie er sich an Sie bindet, wie er sich verhält, was er kann – kurz: wie er wird. Dann sind allerdings Sie selbst für sein Verhalten und auch für sein Fehlverhalten verantwortlich.

Es gibt viele Gründe, die dagegen sprechen, sich einen Hund mit Vorgeschichte ins Haus zu holen – sei es der Hund aus dem Tierheim, aus einer Notvermittlung, ein Fundhund oder ein Hund, mitgebracht aus dem Urlaub. Vielleicht ist nicht einmal zu erkennen, welche diversen Rassen in ihm stecken. Er hat bereits ein ganzes Stück seines Lebens hinter sich, er hat Eigenarten, um nicht zu sagen Macken, er hat Erfahrungen gemacht, die vielleicht nicht immer die angenehmsten waren. So einen Hund zu sich zu nehmen – ist das nicht wie der Kauf der sprichwörtlichen Katze im Sack?

Aber es gibt mindestens ebenso viele und zwar sehr gute Gründe, die dafür sprechen, sich eines solchen Hundes anzunehmen. Ein Grund ist praktizierter Tierschutz. Sicher hinterlässt es ein befriedigendes Gefühl, dem Hund ein neues und, so ist es ihm jedenfalls zu wünschen, besseres Zuhause zu bieten. Aber die wirklich guten Gründe, sich für so einen Hund zu entscheiden, liegen alle fernab der Gute-Tat-Schiene. Es geht nicht darum, einen armen Waisenhund zu retten und dann von ihm noch Dankbarkeit zu erwarten.

Ein Hund, der vor Ihnen einen, zwei, in schlimmeren Fällen drei oder sogar noch mehr Besitzer hatte, mag bereits viel gelernt, ertragen und erfahren haben, nicht selten war es genau das Falsche, und vieles davon hat sich bereits festgesetzt. Aber fast alle Hunde sind lernfähig ihr Leben lang, sie lassen sich auch in fortgeschrittenem Alter noch beeinflussen und umerziehen. Sie ändern sich. Sie sind niemals fertig.

▸ Er wird zu Ihrem Hund

Auch bei diesem Hund haben Sie es, wie bei einem Welpen, in der Hand, was aus ihm wird und wie er wird. Sie suchen ihn aus und treffen damit ja bereits eine zumindest zum Teil ganz bewusste Wahl. Und wenn Sie auch am Anfang Schwierigkeiten mit ihm haben, mehr, als Sie erwartet, abgesehen oder befürchtet haben: Eines Tages ist er dann doch Ihr Hund geworden! Das kann je nach Alter, Charakter und zurückgelegter Erfahrungsstrecke des Hundes auch länger dauern. Letztlich hängt es von Ihrer Geduld und Konsequenz ab, davon, wie viel Zeit Sie sich für diesen Hund nehmen, zusammengefasst: von Ihrer Zuneigung. Gehen Sie nicht davon aus, dass Sie es ruhig riskieren können, einen solchen Hund zu sich zu nehmen, weil an ihm ja doch nicht mehr viel zu verderben ist. Gar nicht so wenige Hundebesitzer, auch die, die ihren Hund seit seiner Welpenzeit haben, neigen dazu, für jedes Fehlverhalten ihres Hundes sofort nette Erklärungen und Entschuldigungen parat zu haben. Bei einem Hund aus zweiter Hand fällt das noch leichter: »Man

Pro und Kontra

Was spricht für den Hund aus zweiter Hand?
- Sie können sich nach dem Hund genau erkundigen und sich dagegen entscheiden, weil Sie entweder zu wenig über den Hund erfahren oder
- herausfinden, was dieser Hund alles nicht kann – und was Sie sich auch nicht zutrauen zu ändern.
- Sie können also auf diese Weise ausschließen, dass der Hund für Sie ein ausgesprochener Problemhund ist, mit dem Sie nicht leben möchten.
- Oder Sie können über ihn so viel in Erfahrung bringen, dass Sie vorhersehen: Auch wenn er sich nicht ändern sollte, passt er so, wie er ist, zu mir und lässt sich in mein Leben integrieren.
- Bestimmte Erziehungsziele entfallen in der Regel bei einem erwachsenen Hund, zum Beispiel die Erziehung zur Stubenreinheit. Auch die Angewohnheit, wie Welpen Gegenstände anzuknabbern, haben erwachsene Hunde bereits abgelegt.
- Häufig haben die abgegebenen Hunde auch ihre pubertäre Flegelzeit schon hinter sich. Dadurch entfallen manche Auseinandersetzungen.
- Der Unterschied ist nicht so erheblich: Um einen Welpen zu erziehen, brauchen Sie auch ungefähr zwei Jahre, bis er aus dem Gröbsten heraus ist. Erziehung ist ein Prozess, der ein Hundeleben lang andauert.
- Sie zeigen mit der Wahl dieses Hundes, dass Ihnen der Hund wichtig ist und dass er für sie kein Vorzeigeobjekt ist – wie für manche Menschen ein edler oder ungewöhnlicher Rassehund.

Wann Sie sich auf keinen Fall für einen Hund aus zweiter Hand entscheiden sollten:
- Sie haben wenig Zeit.
- Sie müssten den Hund von Anfang an einige Zeit des Tages allein lassen.
- Sie haben nicht viel Geduld.
- Sie wollen bald Fortschritte sehen.
- Sie haben ganz bestimmte Vorstellungen, wie Ihr Hund sein und was er können soll.
- Sie wollen den Hund, der genau zu Ihnen passt.
- Sie können in Ihrem Leben nicht viel ändern.

ÜBERLEGUNGEN AM ANFANG

Das Ziel: Er soll ein fröhlicher, umgänglicher und gehorsamer Hund werden.

und dann eines Tages sagen zu können, dass er sich zu einem umgänglichen, fröhlichen, gehorsamen, zu einem ganz normalen Hund entwickelt hat. Dann kann er auch die eine oder andere nicht so schwerwiegende Macke beibehalten. Sie erfahren auf jeden Fall noch eine ganze Menge über Hunde und ihre Fähigkeiten, auch wenn Sie früher schon Hunde gehabt haben. Und nebenbei erfahren Sie etwas über sich selbst.

Wenn Sie einen Hund aus dem Tierheim oder über eine andere Vermittlung zu sich holen, ist Ehrgeiz angebracht: Es sollte Ihr Ziel sein, diesen Hund zu behalten, ihn auf keinen Fall wieder abzugeben oder zurückzubringen und ihm ein gutes, langes und hundegerechtes Leben zu bieten.

▸ Und warum überhaupt ein Hund?

DER RICHTIGE ZEITPUNKT ▸ Vor den Überlegungen, warum Sie einen Hund aus zweiter Hand zu sich holen wollen, steht – wahrscheinlich längst beantwortet – die Frage, warum Sie überhaupt einen Hund haben möchten. Ja, warum eigentlich? Sie haben lange darüber nachgedacht. Sie interessieren sich für Hunde, mögen Hunde, haben viel über Hunde gelesen und sich gründlich informiert. Sie haben schon immer oder früher Hunde gehabt und können sich ein Leben ohne Hunde nicht mehr vorstellen. Oder Sie haben noch nie einen Hund gehabt, und endlich möchten Sie sich Ihren Wunsch erfüllen, den Sie vielleicht seit Kindertagen hegen.

Sie möchten den Hund haben, dahinter steht nicht der Wunsch Ihrer Kinder oder der Ihres Partners.

weiß ja nicht, was er für ein Leben gehabt hat«, oder: »...welche schlechten Erfahrungen er schon gemacht hat.«

Allerdings ist sicher: je älter der Hund ist, desto schwieriger könnte die Umerziehung werden, auch wenn sie keineswegs nur vom Alter des Hundes abhängt. Und es gibt Fälle, in denen man leider feststellen muss, dass sich nicht mehr viel ausrichten lässt.

Aber das gehört zu den erfreulichsten Ergebnissen Ihrer Erziehung und es ist die schönste Erfahrung mit dem Hund aus zweiter Hand: Zu sehen, wie er Vertrauen fasst, sich anschließt und anhänglich wird, dass eine Bindung entsteht; festzustellen, dass er umlernt, wie er Altes ablegt und Neues begreift,

des. Und Sie wollen alles dazu tun, dass es ein rundum gutes, gelungenes, gesundes, erfolgreiches Hundeleben wird und dass es so lange wie möglich währt. Die Verantwortung wollen Sie gerne übernehmen und alle Verpflichtungen bereitwillig eingehen.

Für ein langes Hundeleben ist Bewegung wichtig. Peggy, elf Jahre alt, spielt immer noch gern.

FÜR MENSCHEN OHNE ERFAHRUNG
▶ Ist ein Hund aus zweiter Hand überhaupt das Richtige für Menschen, die noch keine Erfahrungen mit Hunden haben, die zuvor nie einen Hund gehalten haben? Ist es denn nicht so, dass gerade diese Hunde sichere und geübte Halter brauchen? Für manche dieser Hunde mag das gelten. Vor allem verpflichtet es Sie dazu, dass Sie Ihre Wahl mit noch größerer Sorgfalt treffen, wenn Sie noch nie einen Hund hatten. Aber es gibt viele verträgliche und liebe Hunde, die ein neues Zuhause suchen, Hunde, die keine schrecklichen Erlebnisse hinter sich haben, Hunde, die weder scheu noch draufgängerisch sind, die also durchaus ganz hervorragend als Ersthund geeignet sind.

Ihre Lebensumstände sind so, dass Sie sich mit Gewissheit für einen Hund entscheiden können. Die äußeren Voraussetzungen stimmen ebenso wie die inneren: Sie fühlen sich reif für ein Leben mit Hund, für den Hund in Ihrem Leben.

Bei einem Hund aus zweiter Hand ist noch ein anderer Aspekt zu bedenken: Dieser Hund hat eine schlechte Erfahrung schon hinter sich: er wurde von seinem Besitzer getrennt, verlassen oder verstoßen, und vielleicht hat er noch mehr schlechte Erfahrungen gemacht, wurde falsch erzogen, vernachlässigt oder gequält. Das alles darf ihm nicht noch einmal passieren. Darum ist der Entschluss, einen dieser Hunde zu sich zu holen, mit ganz besonderem Verantwortungsgefühl zu treffen.

NEUES LEBEN MIT HUND ▶ Mit einem Hund wird sich das Leben ändern, aber es muss nicht umgekrempelt werden, denn Hunde können sich sehr gut anpassen. Umgekehrt wissen Sie, dass auch Sie sich anpassen müssen. Sie wissen, was der Hund will, erwartet, braucht und was das für Sie bedeutet, was Sie dazu tun müssen. Sie wissen, dass die Entscheidung für einen Hund eine Entscheidung fürs Leben ist, nicht für Ihr eigenes ganzes Leben, aber eindeutig für das ganze Leben Ihres Hun-

> **TIPP**
> *Gehen Sie auf Menschen mit Hunden zu und fragen Sie, woher der Hund kommt. Es gibt viel mehr Hunde aus zweiter Hand, als Sie sich das vorgestellt haben. Lassen Sie sich von den Erfahrungen der Besitzer erzählen. Die meisten Menschen sprechen gern über ihre Hunde und die Schwierigkeiten und Erfolge, die sie mit ihnen gehabt haben. Oder lesen Sie im Internet bei Zuchtvereinen oder anderen Adressen die Berichte von Menschen, die einen Hund aus einer Notvermittlung übernommen haben.*

Fragen an werdende Hundebesitzer

☐ Leben Sie in einer Mietwohnung und haben zur Hundehaltung die Zustimmung des Vermieters oder der Hausverwaltung?

☐ Ist kein Familienmitglied allergisch gegen Hunde(haare)?

☐ Wurden die Kosten für den Hund von der Anschaffung oder Schutzgebühr bis zu Futter, Steuer, Hunde-Haftpflichtversicherung und Tierarzt realistisch bedacht? Was ist, wenn eine schwere Operation notwendig wird?

☐ Ein Hund kann, je nach Rasse, bis zu 15 Jahre alt werden. Können Sie für diesen Zeitraum gewährleisten, immer für ihn da zu sein?

☐ Haben Sie ausreichend Platz für den Hund? Und zwar bei Ihnen, in unmittelbarer Nähe und nicht in einem Zwinger oder, allein gelassen, im Garten?

☐ Ist die Entscheidung für diesen Hund, für diese Rasse oder Mischung, auch wirklich richtig? Passt dieser Hund mit seinen Ansprüchen zu Ihnen und Ihrer Familie?

☐ Sind Sie bereit, Ihren Kindern den richtigen Umgang mit dem Hund zu zeigen? Können Sie garantieren, dass sie den Hund gut behandeln, auch wenn Sie nicht zu Hause sind?

☐ Machen Ihnen Hundehaare und Dreck in der Wohnung und im Auto nicht viel aus?

☐ Können Sie dem Hund ein gutes Hundeleben bieten, haben Sie dafür ausreichend Zeit, mindestens intensive drei bis vier Stunden am Tag?

☐ Gehen Sie bei jedem Wetter gern auch länger spazieren?

☐ Sind Sie bereit, draußen die Hinterlassenschaften Ihres Hundes zu beseitigen?

☐ Können Sie sich gerade am Anfang dem Hund besonders ausführlich widmen, also dafür z. B. drei Wochen Urlaub nehmen?

☐ Muss der Hund nie länger als vier Stunden am Tag allein bleiben, weil Sie berufstätig sind?

☐ Haben Sie die Zeit, den Hund zu erziehen, mit ihm täglich zu üben oder in eine Hundeschule zu gehen?

☐ Sind Sie sicher, dass Sie Regeln für den Hund aufstellen und sich auch daran halten können?

☐ Wissen Sie, dass Hundeerziehung in erster Linie ihre eigene Erziehung ist?

☐ Sind Sie bereit, Ihren Urlaub so zu verbringen, dass der Hund dabei sein kann?

☐ Wenn nicht, wissen Sie, wohin Sie den Hund bringen, wenn Sie in den Urlaub fahren?

☐ Trauen Sie sich zu, den Hund zu versorgen, wenn er krank oder alt wird, auch wenn er dann zum Beispiel nicht mehr stubenrein ist oder eine Hündin nach der Kastration inkontinent wird?

☐ Sind Sie bereit, den Hund bei schwerer Krankheit einschläfern und nicht lange leiden zu lassen?

☐ Würden Sie für den Hund auf etwas verzichten?

21-mal ja? Was zögern Sie noch?

▶ Woher kommt der Hund?

DER HUND VOM TIERSCHUTZ ▶ Die meisten Hunde aus zweiter Hand werden aus den Tierheimen der Tierschutzvereine vermittelt. Seit 1999 ist die Anzahl der in Tierheimen abgegebenen Hunde um fast ein Viertel gegenüber 1995 gestiegen. Es sind jährlich über 100.000 Hunde. Unvorstellbar: Wieso landen hier so viele einst doch wohl gewünschte Tiere? Es gibt nur eine Antwort: Weil zuvor nicht bedacht wurde, was ein Hund im Leben bedeutet.

Fast jeder größere Ort hat ein Tierheim, und auch im ländlichen Bereich gibt es Tierheime. Sie werden meist vom örtlichen Tierschutzverein getragen. Es gibt an die 700 Tierschutzvereine, die Mitglied im Deutschen Tierschutzbund sind. Sich im Tierheim nach einem Hund umzusehen, ist ein guter Weg, der auch bestimmte Garantien einschließt.

Bei privaten Tierheimen ist, wie bei jeder anderen privaten Übergabe, Vorsicht geboten! Vor allem, wenn dort überdurchschnittlich viele Welpen oder noch sehr junge Hunde vermittelt werden.

DIE NOTVERMITTLUNG ▶ Es gibt eine ganze Reihe von Vereinen, Organisationen, Gruppen, Tierhilfen oder Initiativen, die für die Vermittlung von in Not geratenen Hunden sorgen. Sie kümmern sich zum Beispiel um die Abgabe von Hunden, die Opfer von Scheidungen oder Todesfällen sind, Hunden aus Massenzuchten, misshandelten Hunden, behinderten und tauben Hunden, alten Hunden (»Aktion Graue Schnauzen«) oder Versuchshunden (»Beagles in Not«). Die Abgabe ist fast immer mit berechtigten Auflagen verbunden. Wer zum Beispiel einen ehemaligen Versuchshund übernimmt, verpflichtet sich, ihn weder an ein Tierheim noch an Dritte weiterzugeben.

Auch Tierheime übernehmen Notvermittlungen. Das sind vor allem Hunde, die so schnell wie möglich abgegeben werden sollen, etwa weil ihnen aus Alters- oder anderen Gründen der lange Aufenthalt im Tierheim erspart werden soll. Oder der Ablauf ist so, dass Sie bei einer Notvermittlung den Hund gleich vom bisherigen Besitzer übernehmen. Auf diesem Wege soll Hunden das Schicksal erspart bleiben, erst noch ins Tierheim zu kommen oder eingeschläfert zu werden.

Wenn Sie einen Rassehund haben möchten, gibt es die Möglichkeit, sich an die entsprechenden im VdH (Verband für das deutsche Hundewesen) organisierten Zuchtvereine zu wenden. Die VdH-Mitgliedsvereine haben spezielle Vermittlungsstellen eingerichtet. Sie übernehmen auch die Vermittlung von Rassehunden, die in Tierheimen abgegeben wurden. In den Magazinen oder unter den Internet-Adressen der Rassehund-Vereine finden sich immer wieder Hilferufe. Ob Berner, Dalmatiner, Bullterrier, Belgische Schäferhunde, Rhodesian Ridgeback oder Chihuahua in Not oder Nothilfe Polarhunde: Hunde jeder Rasse und Größe suchen ein neues Zuhause. Bei dieser Art der Vermittlung ist gewährleistet, dass Sie bei Schwierigkeiten und Fragen nach der Übernahme noch Ansprechpartner in den Zuchtvereinen finden.

In speziellen Sendungen im Hörfunk oder im Fernsehen, in regelmäßig erscheinenden Rubriken in Zeitschriften oder Tageszeitungen werden immer wieder Tierheime und ihre Insassen vorgestellt.

Und Hunde werden sogar im Kleinanzeigenteil in der Tageszeitung oder über Aushänge vermittelt. Bei dieser Art der Übernahme ist ein mehr oder weniger großes Risiko gegeben.

Sie sollten sich die Sache gut überlegen und Erkundigungen einziehen. Es kann auch sein, dass hinter einer solchen Vermittlung professionelle Tierhändler stehen.

Oder Sie hören von Bekannten, dass ein Hund ein neues Zuhause sucht.

▶ Was tun mit ausgesetzten oder herrenlosen Hunden?

☐ Sprechen Sie den Hund mit ruhiger Stimme an, nähern Sie sich ihm langsam. Verstörte Hunde können zuschnappen.

☐ Lässt er sich anfassen? Macht er einen freundlichen Eindruck? Ist er verängstigt?

☐ Ist er unverletzt?

☐ Nimmt er ein Leckerchen?

☐ Hat er kein Halsband um, sorgen Sie für einen Ersatz (Schal, Gürtel, dickeres Seil). Halten Sie ihn nicht am Halsband fest, sondern besorgen Sie sich eine Ersatzleine.

☐ Stellen Sie fest, ob er eine Steuermarke, Adresskapsel oder die Marke eines Haustierregisters (wie Deutscher Tierschutzbund oder TASSO) am Halsband hat, ob er eine Tätowierung hat. Ein elektronischer Chip lässt sich nur mit einem speziellen Lesegerät nachweisen.

☐ Bringen Sie den Hund selbst ins Tierheim. Erfragen Sie vorher die Öffnungszeiten.

☐ Haben Sie kein Auto, benachrichtigen Sie Polizei oder Feuerwehr oder den Noteinsatzwagen eines Tierheims.

☐ Sie dürfen den Hund nach Hause mitnehmen.

☐ Aber Sie müssen ihn dann als Fund(hund) bei der Polizei oder bei der Gemeinde/Ordnungsamt melden oder im Tierheim nachfragen. Lesen Sie die »Verloren«-Anzeigen der örtlichen Tageszeitung, geben Sie selbst eine Anzeige auf. Sie sind wie bei jeder Fundsache verpflichtet, sorgsam mit dem Fund umzugehen.

☐ Der bisherige Besitzer hat noch für sechs Monate einen Eigentumsvorbehalt, kann also in dieser Zeit den Hund von Ihnen zurückfordern.

Es wäre für alle Beteiligten am besten, wenn Sie den Hund schon kennen und mit den bisherigen Besitzern in Kontakt bleiben, die sich dafür interessieren, was aus ihrem Hund wird.

HUND AUF ZEIT ▶ Tierheime oder Initiativen geben an erfahrene Menschen auch Hunde ab, die ihre schlechte Vergangenheit vergessen sollen und beim Aufenthalt im Tierheim nur noch verstörter werden können. Diese Menschen sollen dem Hund helfen, wieder integrierbar zu sein in ein Menschenrudel. Es handelt sich um eine Art Resozialisierungsmaßnahme für Hunde. Schließlich soll für diese Tiere ein dauerhaftes Zuhause gefunden werden. Auch einen privat in einer Pflegestelle oder einem Stützpunkt untergebrachten Hund können Sie übernehmen. Allerdings sollten Sie dann Hundeerfahrung haben.

DER HUND AUS DEM URLAUB ▶ Immer wieder werden auch Hunde aus dem Urlaub mitgebracht. In den als Paradiesen deklarierten Gebieten fallen sie den meisten Touristen auf, unangenehm den einen, mitleiderregend für die anderen, die Streuner, die sich einzelgängerisch oder in einer Meute am Strand, in der Nähe der Hotelanlagen, in den Gassen herumtreiben. Einige werden, solange die Saison dauert, von wohlmeinenden Touristen gut versorgt, die damit dazu beitragen, dass sie wieder Nachwuchs bekommen. Nicht allen diesen Hunden geht es schlecht, manche kommen einigermaßen zurecht. Sie haben Strategien für ihr Überleben entwickelt und beweisen damit wieder einmal die Anpassungsfähigkeit von Canis lupus familiaris.

Hier gilt es wirklich abzuwägen, was für den Hund gut und richtig ist. Ehe Sie eigenhändig einen Hund mitnehmen, erkundigen Sie sich, ob es am Ort eine Organisation oder Initiative, einen verlässlichen Tierschutzverein oder eine Gruppe freiwilliger Helfer gibt, die sich um die Hunde kümmern. Wenn etwas getan wird, spenden Sie lieber Geld, damit die Hunde versorgt und vor allem kastriert werden können. Bei staatlichen Tierheimen sieht das leider oft anders aus. Dass Hunde von der Straße weggefangen werden und dann nach geraumer Frist getötet werden, kommt in einigen Urlaubsparadiesen vor.

Vereine, Initiativen und zum Teil Privatleute vermitteln auch Hunde, etwa aus Spanien (»Spanische Hunde in Not«) oder Griechenland oder Irland. Auch hier sind häufig Notfälle dabei, die sogar aus ihren Ursprungsländern ausgeflogen werden.

Wenn Sie in den Ferien einen Hund ins Herz schließen: Beobachten Sie, wie er sich in seiner Umgebung verhält und wie wohl er sich fühlt, aber legen Sie dafür nicht unsere Maßstäbe an. Überlegen Sie, ob Sie ihn wirklich aus dieser ihm schon jahrelang vertrauten Umgebung, aus Hundefreundschaften und auch aus einer gewissen Form der Freiheit herausreißen wollen. Erkundigen Sie sich auf jeden Fall vorher äußerst gewissenhaft, ob der von Ihnen ausgesuchte Hund tatsächlich kein Zuhause hat. Viele dieser Hunde führen auch mit Besitzern ein recht selbstständiges Leben.

Wenn Sie sich trotzdem entscheiden, weil zu viele Gründe für eine Rettung sprechen, überlegen Sie, ob Sie nicht gleich zwei Hunde mitnehmen

TIERHEIM 15

Die Wahl fällt schwer: So viele Tierheimhunde suchen ein neues Zuhause.

können. Gehen Sie gleich, nicht erst kurz vor der Abreise zum Tierarzt, lassen Sie sich beraten, den Hund impfen und gegen Flöhe und Würmer behandeln. Es kann auch sein, dass er Leishmaniose hat. Diese durch den Stich der Sandmücke übertragene Krankheit führt früher oder später zum Tod des Hundes. Auch nach einer Behandlung kommt es oft zu Rückfällen. Sie ist nicht ansteckend für andere Hunde und Menschen.

Erkundigen Sie sich nach den Ein- und Ausfuhrbestimmungen. Für den Heimflug brauchen Sie, je nach Gewicht des Hundes, eine Flugbox, und Sie müssen dem Hund leider zumuten, gleich eine unangenehme Erfahrung zu machen.

▶ **Ihr Hund aus dem Tierheim**
ERSTER BESUCH ▶ Vor der Entscheidung, einen Hund aus dem Tierheim zu holen, steht der Besuch dort, denn der Einblick in eine oder mehrere dieser Einrichtungen gehört mit zu den Vorüberlegungen.

Hier haben Sie die Wahl. Was wollen Sie? Wissen Sie das schon? Haben Sie klare oder eher vage Vorstellungen von Ihrem zukünftigen Hund? Überlegen Sie genau, was Sie von Ihrem Hund unbedingt wollen, was Sie erwarten und was Sie völlig ausschließen. Befragen Sie sich selbst: Was für ein Typ sind Sie? Welcher Hund passt überhaupt zu Ihnen und zu Ihrer Familie? Wie soll der Hund sein? Wie soll er aussehen? Versuchen Sie im Vorfeld, Ihre Erwartungen konkret zu formulieren. Sie haben keine? Sie sind bereit, sich überraschen zu lassen, auf die Liebe auf den ersten Blick zu hoffen?

Im Tierheim gucken Sie sich zunächst ganz unverbindlich um. Sie lesen an den Gittern die Angaben zu Namen, Alter und Besonderheiten der Tiere. Da heißt es etwa: »Verträgt sich

Warum Hunde abgegeben werden

Wer seinen Hund im Tierheim abgibt, führt als Begründung für diesen Schritt oft nicht die wahren Sachverhalte an, sondern lässt sich Vorwände und Lügen einfallen. Wer gibt schon zu, dass ihm der Hund einfach lästig geworden ist? »Allergie«, »Umzug« oder »fehlende Zeit«: Diese Gründe hören Tierheim-Mitarbeiter besonders häufig vor den Ferien. Vom Mai bis zur Schulferienzeit steigt die Zahl der Aufnahmen um rund 40 Prozent.

- Allergie oder andere gesundheitliche Gründe.
- Berufstätigkeit/mangelnde Zeit.
- Der Hund passt nicht zur Familie.
- Er ist anderen Hunden gegenüber ein Beißer/Raufer.
- Er hat (einen) Menschen gebissen.
- Er gehorcht nicht.
- Er hat Verhaltensstörungen.
- Er ist zu teuer (gilt vor allem für die Gefahrhundesteuer einiger Gemeinden).
- Umzug.
- Überforderung.
- Haltung aus Altersgründen nicht mehr möglich.
- Besitzerverlust.
- Abnahme des Hundes wegen Tierquälerei.
- Ausgesetzter Hund.

nicht mit Katzen«, »Hat Angst vor größeren Rüden«, »Liebt Kinder«, oder: »Fährt nicht gerne Auto«.

Nehmen Sie sich Zeit und beobachten Sie die Hunde, die Ihnen gefallen. Nähern Sie sich ihnen hinter den Gittern ihrer Zwinger und sprechen Sie sie an. Bei dieser Kontaktaufnahme sollten Sie es nicht mit Einschmeicheln versuchen und einem Hund Leckerchen geben. Sie wissen nicht, ob er Verdauungsprobleme hat und bestimmtes Futter nicht verträgt. Zudem kann diese Bevorzugung Streit zwischen mehreren Hunden im Zwinger auslösen.

Wie reagieren die Hunde? Sind sie zutraulich und kommen heran, wedeln und zeigen, dass sie gestreichelt werden möchten? Wirken sie verspielt? Eingeschüchtert? Frech? Neugierig? Weichen sie zurück, behalten Sie aber doch im Blick und wagen sich nur ganz allmählich vor? Verkriechen sie sich? Bellen oder knurren sie? Springen sie gegen das Gitter oder beißen hinein? Sind sie allein untergebracht? Zu mehreren? Wie verhalten sie sich gegenüber ihren Artgenossen?

Wie gefallen sie Ihnen? Vielleicht stellen Sie jetzt erst fest, dass Sie doch Erwartungen und bestimmte Vorstellungen haben oder einen Hundetyp bevorzugen.

ERSTE INFORMATIONEN ▶ So können Sie schon ein bisschen erfahren über die Hunde, sich einen allerersten Eindruck verschaffen. Wenn Sie mehr über den einen oder anderen Hund wissen möchten, wenden Sie sich an die Mitarbeiter im Tierheim. Die sind in der Regel überbeschäftigt und möchten lieber die Hunde, Katzen und anderen Heimbewohner versorgen, die es

Wer einem Hund aus dem Tierheim abholt, unterschreibt einen Übereignungsvertrag.

nötig haben, als ständig Fragen von Besuchern zu beantworten. Aber sie wünschen den Insassen auch ein gutes neues Zuhause. Bitten Sie zunächst nur um wenige Minuten Zeit für erste Informationen und kommen Sie wieder, wenn es günstiger ist.

Haben Sie Verständnis, wenn Sie von den Tierheim-Mitarbeitern befragt werden und Ihnen, die Sie doch mit guten Absichten dort sind, einige Fragen sehr streng oder misstrauisch vorkommen. Dass ein Hund vermittelt und dann wieder zurückgebracht wird, liegt weder im Interesse des Tieres noch in dem der Tierheime. Darum müssen im Gespräch schon Erkundigungen über Sie, Ihre Lebensumstände und Ihr Verhältnis zu einem Hund eingezogen werden.

Umgekehrt gilt: Sehen auch Sie sich das Tierheim gut an, aus dem Sie Ihren Hund holen könnten. Zwar wird in den meisten Tierheimen das Beste für die Tiere getan, und trotzdem fallen zum Teil die Unterschiede in der Art der Unterbringung oder im Pflegezustand der Tiere und im Umgangston mit ihnen auf. Allerdings haben Sie keine allzu große Auswahl. Viele Tierheime geben ihre Hunde nur im näheren Umkreis ab. Denn nach jeder Abgabe soll kon-

> **TIPP**
> *Sie möchten gerne einen Welpen? Dann gehen Sie im Januar ins Tierheim. Es ist noch immer so, dass zu Anfang des Jahres die Zahl der abgegebenen Hunde in den Tierheimen um 15 Prozent höher liegt als sonst im Jahr. Einige Hunde, die gerade zu dieser Zeit dort abgegeben werden, sind Weihnachtsgeschenke, zumeist an Kinder. Die Chance, dass Welpen und junge Hunde dabei sind, ist größer als zu anderen Zeiten im Jahr. Zwar können sie innerhalb der kürzesten Zeit durch falsche Behandlung schon stark verstört sein, aber sie sind jung und nicht allzu lange im Tierheim, sodass sich Fehler durch gute Erfahrungen noch ausgleichen lassen und sie wieder hundenormal werden.*

Mit einem speziellen Gerät wird der Chip-Code des Hundes gelesen.

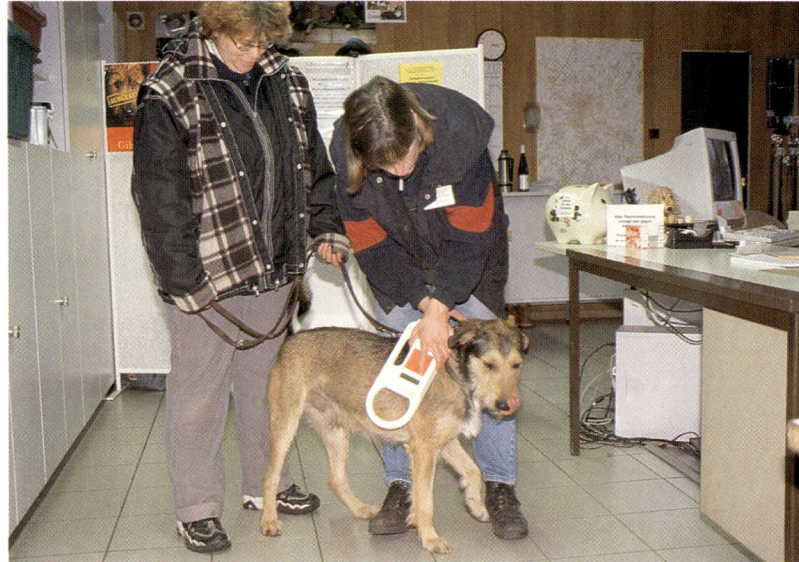

trolliert werden, wie der Hund untergebracht wurde, also nach einiger Zeit kann ein Mitarbeiter des Tierschutzvereins bei Ihnen auftauchen und sich ansehen, unter welchen Bedingungen der Hund gehalten wird.

TIPP

Wenn Sie sicher wissen, dass Sie sich demnächst einen Hund aus dem Tierheim oder über eine Initiative holen möchten, nutzen Sie die Angebote der Organisationen und gehen schon vorher zu einem Beratungsgespräch oder nehmen Sie Kontakt zu Vereinen auf. Einige der größeren Tierheime bieten auch Tagesseminare zu bestimmten Fragen der Erziehung an.
Sie haben von dem Verein oder der Initiative, die Hunde vermitteln, noch nie etwas gehört? Dann erkundigen Sie sich beim Deutschen Tierschutzbund e.V. (Seite 119). Dort erhalten Sie übrigens auch Adressen der Tierschutzvereine in Urlaubsländern.

SPAZIERGANG MIT HUND ▶ In den meisten Tierheimen gibt es die Möglichkeit, Hunde zu einem Spaziergang abzuholen. Nicht alle Hunde sind dafür geeignet, aber vielleicht ist gerade ein Hund dabei, der Ihnen gefällt. Das ist schon ein gutes Zeichen, denn es besagt, dass sich der Hund als verträglich gegenüber fremden Menschen erwiesen hat. Sie müssen wahrscheinlich eine Karteikarte ausfüllen oder zumindest beim ersten Mal Ihren Personalausweis vorlegen. Sie verpflichten sich, zum Beispiel den Hund nicht im Auto mitzunehmen oder nach Hause zu bringen und ihn nicht von der Leine zu lassen.

Das Ausführen eines Tierheimhundes ist ein erster Weg, ihn etwas gründlicher kennen zu lernen. Vielleicht freunden Sie sich ja schnell an. Oder

Sie entdecken, dass der Hund Ihnen von seinem Wesen her sympathisch ist, obwohl er vom Aussehen her nicht Ihren Vorstellungen entspricht. Nutzen Sie diese Möglichkeit auf jeden Fall, wenn Sie unschlüssig sind, welcher der Hunde, die vermittelbar sind, Ihnen am meisten zusagt.

Tierheime erlauben allerdings zu Recht nicht, einen Hund – um ihn in anderer Umgebung näher kennen zu lernen – zum Beispiel übers Wochenende mit nach Hause zu nehmen. Das mögen Sie bedauern, für den Hund würde es nichts als Stress bedeuten. Er würde aus seiner zwar nicht idealen, aber ihm doch vertrauten Umgebung herausgerissen, in eine neue verfrachtet, in der er sich nicht auskennt, müsste sich kurzfristig in einer veränderten Situation zurechtfinden, um dann nach zwei Tagen schon wieder zurückgebracht zu werden. So anpassungsfähig, dass ihnen das nicht zusetzt, sind Hunde nun auch wieder nicht. Und Sie erfahren in dieser Ausnahmesituation über den Hund auch nicht sehr viel mehr.

▶ NOCH EINMAL NACHDENKEN

Es kann aber auch ganz anders sein. Sie kommen das erste Mal ins Tierheim und sehen auf Anhieb genau den Hund, der Ihnen gefällt. Nach allem, was Sie über ihn herausfinden, scheint er für Sie wirklich der ideale Hund zu sein. Das ist er – und kein anderer!

Allein im Garten spielen? Mehr Spaß macht es mit dem Menschen.

> ▶ **Garten – ja oder nein?**
>
> Ein Garten ist keine Bedingung für Hundehaltung. Zwar ist ein Garten sowohl für kleine Hunde, die sich dort austoben können, wie auch für größere Hunde, die ab und zu hinausgeschickt werden können, eine gute Einrichtung. Aber der Garten interessiert Hunde wenig, solange Sie sich nicht ebenfalls dort aufhalten. In einen Garten abgeschoben zu werden, ist für Hunde langweilig. Und ob kleiner oder großer Hund – ein Ersatz für den täglichen ausgiebigen Spaziergang ist der Garten schon gar nicht.

Dann sollten Sie nicht lange zögern, aber trotzdem nicht spontan zugreifen. Sie können sich den Hund vormerken lassen.

Besser ist es, die Entscheidung für einen Hund nicht zu treffen, ohne ihn und sich noch einmal genau zu prüfen. Auch eine Entscheidung aus Mitleid ist nicht angebracht. In Tierheimen sind häufig Hunde, die einem so Leid tun, dass man sie am liebsten sofort mitnehmen möchte, und bei jedem weiteren Besuch sind wieder arme Hunde da. Mitleid ist zwar durchaus ein akzeptabler Grund für die Übernahme eines Hundes, aber er allein genügt nicht. Sie müssen schon die ganze Reihe von weiteren Gründen anführen können, die dafür sprechen, dass der Hund auch sonst der Richtige für Sie ist.

Wenn Sie einen Hund mit Vergangenheit übernehmen, müssen Sie auf alles gefasst sein. Der Hund kann der pure Glücksfall für Sie sein – so wie hoffentlich auch Sie ein Glücksfall für ihn sind. Es kann sein, dass dieser Hund besonders anhänglich wird. Es kann aber auch sein, dass er besonders misstrauisch ist. Das wissen Sie erst, wenn der Hund schon eine Weile bei Ihnen zu Hause ist.

Was kostet ein Hund?

☐ Hundesteuer: Je nach Größe des Wohnorts von jährlich etwa 30 bis 100 € (ausgenommen die so genannten Kampfhunde, für die der Betrag in einigen Gemeinden weitaus höher liegen kann) für den Ersthund. Der Zweithund kann doppelt so viel kosten.

☐ Haftpflichtversicherung: Bei einer Deckungssumme von 1,5 Millionen € jährliche Beitragssätze etwa 60 bis 100 €, bei einigen sind zwei Hunde eingeschlossen.

☐ Impfungen: Von der Einfach-Impfung, die etwa 20 € kostet, bis zur Fünffach-Impfung, die 60 € und mehr kosten kann.

☐ Futterkosten: Monatlich von 15 € für einen kleinen Hund bis 60 € für einen größeren Hund.

☐ Erstausstattung: Mindestens 60 bis 200 €.

Das heißt, Sie müssen mit jährlich etwa 700 € oder mehr rechnen.

Die Entscheidung

Die Entscheidung

22 ▶ Die Kriterien der Wahl	30 ▶	Spurensuche
22 ▶ Das Alter des Hundes	31 ▶	Schnelltest
25 ▶ Die Größe des Hundes	32 ▶	Vorbereitungen zu Hause
27 ▶ Rüde oder Hündin?	33 ▶	Die Erstausstattung
29 ▶ Der Pflegeaufwand	33 ▶	Abholen des Hundes
29 ▶ Rasse oder Typ des Hundes	33 ▶	Der Weg nach Hause
	34 ▶	Zeit und nochmals Zeit

▶ Die Kriterien der Wahl

Wenn alles bedacht ist, ob überhaupt ein Hund in den Hausstand aufgenommen werden soll, und – wenn ja –, ob es richtig ist, dass das ein Hund aus zweiter Hand sein soll, geht es zur Sache. Jetzt kommt es darauf an, dass Sie so genau wie möglich herausfinden, welcher Hund es sein soll. Die Auswahl ist groß, das werden Sie schon festgestellt haben, wenn Sie ins Tierheim gegangen sind oder die Hilferufe anderer Vermittler studiert haben. Wenn Sie nun überlegt und gezielt vorgehen, wird die Auswahl allerdings immer kleiner.

Bei einem Hund aus zweiter Hand bleiben immer Unwägbarkeiten und Überraschungen. Doch selbst wenn Ihnen niemand Genaueres über den Hund und seine Vergangenheit sagen kann, weil es sich z. B. um einen Fundhund handelt, haben Sie trotzdem die Möglichkeit, noch viel über den Hund herauszufinden. Was Sie sich zutrauen oder zumuten und was Sie riskieren wollen, sollten Sie von Ihrem Wissen über Hunde und von Ihrer Erfahrung mit Hunden abhängig machen.

Es sind vor allem diese Kriterien, die bei der Entscheidungsfindung eine Rolle spielen: Alter und Größe des Hundes, Rasse oder – bei einem Mischling – der Typ, Verhalten, Temperament, Charakter, Rüde oder Hündin. Erst aus der Kombination aller Kriterien nähern Sie sich Ihrem Idealhund oder Traumhund an. Bedenken Sie immer die gesamten Bedingungen sowie darüber hinaus eine Reihe von Details, die speziell auf Ihr Leben und Ihre Bedürfnisse zugeschnitten sein müssen.

Vergessen Sie nicht ganz die Reaktion Ihrer Umwelt, besonders im Hinblick auf die Größe des Hundes.

Der Hund muss selbstverständlich der ganzen Familie gefallen, besonders Kindern. Die Entscheidung können allerdings Kinder nicht für Sie treffen.

▶ Alter des Hundes

Wann ist ein Hund wie alt? Das hängt von seiner Größe und Rasse ab. Die folgenden Altersangaben beziehen sich auf Hunde mittlerer Größe. Gewöhnlich gilt, dass die Kleineren die höchste Lebenserwartung haben, abgesehen von den extrem Kleinen. Sehr große und schwergewichtige Hunde, Doggen etwa, werden dagegen nur selten über zehn Jahre alt.

> **Rassetypische Eigenschaften**
>
> Auf diese Eigenschaften sollten Sie besonders achten:
> ▸ Jagdtrieb
> ▸ Selbstständigkeit
> ▸ Hütetrieb
> ▸ Wachsamkeit
> ▸ Laufleistung
> ▸ Bellbereitschaft
> ▸ Schutztrieb
> ▸ Apportierverhalten
> ▸ Kinderfreundlichkeit
> ▸ Sportlichkeit

WELPE UND JUNGHUND ▸ Ist Ihr Hund noch ein Welpe, muss er das komplette Erziehungsprogramm durchlaufen. Er muss stubenrein werden, er braucht einen Grundgehorsam, er kommt ins Flegelalter. Ein Welpe ist immer zeitaufwendig, aber das trifft ebenso auf ältere Hunde zu, die schwieriger sind oder spezielle Probleme haben.

Wenn Sie einen Junghund übernehmen, der etwa ein Jahr alt ist, wird er zumindest schon stubenrein sein. Es ist aber nicht auszuschließen, dass er durch Umstellung und Stress oder den Schock der Veränderung in seinem jungen Leben wieder Probleme mit der Sauberkeit hat. Auch das kann mit einem älteren Hund passieren.

Auf jeden Fall braucht er Ihre Erziehung von Anfang an, auch wenn bereits vor Ihnen jemand damit begonnen hat. Dafür ist er gerade im richtigen Alter. Er ist lernfähig und noch offen, und darauf können Sie gut aufbauen. Zugleich ist ein Hund aber in diesem Alter noch sehr verspielt, er sollte also viel Gelegenheit haben zu abwechslungsreichen und interessanten Spielen, das heißt vor allem zu den Spielen, mit denen Sie sich für ihn interessant machen.

ZWEI BIS DREI JAHRE ▸ Ist der Hund etwa eineinhalb bis zwei Jahre alt, steckt er voll in den Flegeljahren. Wenn Sie nicht einen sanften und sensiblen Hund finden, werden Sie wahrscheinlich nicht ganz vermeiden können, sich mit ihm in der einen oder anderen Sache auseinanderzusetzen. Das kann ein nervenaufreibendes Kräftemessen werden. Denn zugleich wollen Sie ja seine Erziehung weiterführen.

Nicht alle Hunde, auch nicht alle Rüden, legen es in diesem Alter darauf an, die Rangordnungsfrage zu klären. Aber es ist besser, wenn Sie davon ausgehen, dass der Hund es darauf ankommen lässt.

DREI BIS SECHS JAHRE ▸ Bei Hunden, die über drei Jahre alt sind, zeichnen sich die Charaktereigenschaften genau ab. Es kommt zum Beispiel darauf an, in wessen Sinne die vorangegangene Runde entschieden wurde. Je nach Sturheit, Sensibilität, Sicherheit, Ängstlichkeit, Offenheit des Hundes sind jetzt mehr oder weniger Geduld und Konsequenz angebracht. Dann kann er auch bereits gefestigte Macken noch gut wieder ablegen. In diesem Alter sind viele Hunde noch immer verspielt, und Lernen und Spiel lassen sich prima verknüpfen.

döst

wird aufmerksam

aufmerksam

freundlich

ergeben

aggressiv

ängstlich

unterwürfig

Was erwarten Sie?

Sie möchten, dass Ihr Hund

- ☐ lieb zu Kindern ist
- ☐ gern im Auto mitfährt
- ☐ mit Ihnen joggt
- ☐ am Rad mitläuft
- ☐ ein Reitbegleithund wird
- ☐ mit Ihnen wandert
- ☐ beim Sport mitmachen kann
- ☐ Sie beim Stadtbummel begleitet
- ☐ auf Ihren Reisen dabei ist
- ☐ ruhig unterm Tisch liegt

ÜBER SECHS JAHRE ▶ Hunde ab etwa sechs, sieben Jahre sollten von Anfang an zu Ihnen passen. Noch immer lässt sich manches ändern und der Hund kann Neues lernen. Aber das kann sich zeitlich hinziehen. Sie können es unter einer Bedingung wagen, einen Hund dieses Alters zu übernehmen: Wenn Sie etwa ein Jahr lang oder in hartnäckigen Fällen auch länger mit einem möglicherweise schwierigen und beeinträchtigenden Verhalten des Hundes leben können, bis es sich durch Ihre Erziehung hoffentlich teilweise oder vollständig gelegt hat.

Manche Hunde gehören mit über sechs Jahren leider bereits zu den alten Hunden.

DER ALTE HUND ▶ Der alte Hund sollte bei Ihnen nichts mehr lernen müssen, ihm ist nun nur noch ein ruhiger, angenehmer Lebensabend zu gönnen. Ihn nehmen Sie, wie er ist. Viel ist jetzt wirklich nicht mehr auszurichten.

Wie soll Ihr Hund sein?

- ☐ verspielt
- ☐ verschmust
- ☐ temperamentvoll
- ☐ ernst
- ☐ ruhig
- ☐ lebhaft
- ☐ selbstständig
- ☐ quirlig
- ☐ sensibel
- ☐ stur
- ☐ bedächtig
- ☐ ruhig, gelassen
- ☐ beweglich, aktiv
- ☐ laut
- ☐ phlegmatisch, schwerfällig
- ☐ zurückhaltend

Der dreizehnjährige Mausbär braucht wie alle alten Hunde viel Ruhe.

Aber selbst eine graue Schnauze kann noch dazulernen. Positive Erfahrungen setzen sich immer noch fest, sogar recht schnell. Das Neue muss dem Alten nur schmackhaft gemacht werden. Ja, auch der alte Hund sollte unbedingt noch einige Kleinigkeiten lernen dürfen. Das hält ihn geistig fit. Es muss nichts Schwieriges sein, Spaßübungen bieten sich zum Beispiel an. Einfachster Gehorsam ist auch notwendig.

Das wäre wirklich eine Rettung: Gerade einem alten Hund, der einem alten Menschen gehört hat, ein neues Zuhause zu geben. Vielleicht sind Sie auch nicht mehr so ganz jung und passen gut zum Hund. Und außerdem kann es, nachdem Sie einem alten Hund noch einige wenige – die letzten – Jahre seines Leben leichter gemacht haben, dann ja beim nächsten Mal ein jüngerer Hund sein.

▶ Größe des Hundes

KLEINER HUND ▶ Einige von ihnen sind ausgesprochen lebhaft, andere sind ruhige Begleiter, aber alle können leicht neben Ihnen ihren Platz finden. Auch deshalb besteht bei den kleinen Hunden, die nicht größer als 30 cm bis maximal 40 cm sind, häufig die Gefahr, dass ihre Erziehung vernachlässigt oder versäumt wird. Sie sind so handlich und niedlich – erübrigt es sich da nicht, dass sie erzogen werden? Doch auch für die Kleinen ist Grundgehorsam wichtig. Sie sind in jeder Hinsicht genauso zu behandeln wie große Hunde, nicht wie lebenslange Welpen; sie sind also ernst zu nehmen. Zwar ist es ein Unterschied, ob Sie einen quirligen Hund vom Terriertyp haben oder einen ruhigeren vom Typ Pekingese oder Mops, aber der liegt nur darin, dass die Erziehung bei dem einen anstrengen-

Ob klein, mittelgroß oder groß: der Unterschied besteht im Aufwand, nicht im Hundeverhalten.

der werden kann als bei dem anderen. Ein Vorteil aller Hundezwerge ist, dass sie nicht so ausgiebig beschäftigt werden müssen, dass sie mit weniger Platz zufrieden sind und mit kürzeren Spaziergängen, aber laufen und toben wollen sie natürlich auch! Sie brauchen Kontakte zu anderen Hunden, am besten allerdings zu solchen, die etwa ihre Größe haben.

Kleinere Hunde brauchen weniger Futter, also sind in dieser Hinsicht die Kosten geringer. Einige Probleme entfallen mit einem kleinen Hund: Sie brauchen kein Auto, sondern können ohne Aufwand öffentliche Verkehrsmittel benutzen, auch die Eisenbahn. Sie können Besuche machen, ohne dass der Hund groß auffällt. Voraussetzung ist allerdings gerade bei Auftritten in der Öffentlichkeit, dass der Kleine gehorcht. Und Vorsicht: Rangordnungskämpfe mit den Winzlingen sind auch nicht zu unterschätzen.

MITTELGROSSER HUND ▶ Unter den Hunden dieser Größe finden sich die unterschiedlichsten Typen, aber kaum einer gehört zu den Verschlafenen oder Trägen. Ob Hunde vom Typ Boxer, Schäferhund oder Airedale Terrier: Hunde bis zu einer Größe von etwa 50 cm sind körperlich fast immer ausgeglichen, gehören also selten Extremtypen an, auch wenn einige etwas schwerer sind. Die meisten sind besonders lebhaft, aufmerksam und anspruchsvoll. Sie brauchen Auslauf, Spaß und Beschäftigung und müssen gut erzogen werden. Ein mittelgroßer Hund ist eine Herausforderung. Dem müssen Sie schon etwas bieten, also müssen Sie Zeit aufwenden und sollten selbst ein aktiver Mensch sein.

Wenn Sie sich für einen mittelgroßen Hund entscheiden, stellen Sie sich gut auf ihn ein. Ihre Fähigkeit zur Anpassung an den Hund ist nicht zu gering zu veranschlagen.

GROSSER HUND ▶ Es gibt unter ihnen eher leichte Hunde vom Typ Irish Wolfhound und sehr schwere, massige wie Neufundländer. Aber was sie gemeinsam haben: Fast jeder Hund von Schäferhundgröße aufwärts bis Doggengröße ist Ihnen wahrscheinlich an Körperkraft überlegen. Dann müssen Sie schon geistig etwas dagegenzusetzen haben. Eine durchdachte Erziehung wird notwendig. Unerschrockenheit und zupacken zu können sind für Sie ebenso unabdingbar. Ausgiebige Spaziergänge sind wichtig für große Hunde, während sie zu sportlichen Aktivitäten nicht unbedingt zu überreden sind.

Zwar gibt es gerade unter den Riesen viele eher behäbige, friedliche und kleinen Hunden und vor allem Kindern gegenüber besonders liebe und nachsichtige Hundetypen. Trotzdem wirken sie immer beeindruckend und auf viele Menschen sogar beängstigend.

Große Hunde brauchen viel Platz. Einen großen Hund mitzunehmen, sei es auf Reisen oder um Besuche zu machen, ihn im Urlaub bei jemandem unterzubringen, ihn zu versorgen, wenn er krank wird, ist ganz klar mit vielen Schwierigkeiten verbunden.

▶ **Rüde oder Hündin?**
Ganz erheblich ist der Unterschied nicht. Das Verhalten von Hündin oder Rüde hängt von den genannten Kriterien, von Alter, Größe, Rasse ab, aber auch vom Charakter des Hundes, nicht

▶ **Gesundheits-Check**

So sieht ein gesunder Hund aus:

☐ Verhalten offen, neugierig, munter

☐ Bewegungen unverkrampft, locker, nicht schwerfällig

☐ Augen klar, nicht verklebt, verkrustet oder tränend, Bindehäute rosa

☐ Nase sauber, feucht

☐ Zähne weiß, ohne Beläge, Zahnfleisch fest

☐ Ohren sauber

☐ Fell glänzend, regelmäßig

☐ Haut nicht schuppig oder gerötet

☐ Rippen fühlbar, aber nicht knochig

☐ Rücken bei Bewegungen nicht steif

☐ Kot- und Harnabsatz ohne Probleme

☐ Atem ruhig und gleichmäßig

Hündin? Rüde?
So groß sind die
Wesensunterschiede
nicht.

zuletzt von der Erziehung. Hündinnen sind nicht grundsätzlich leichtführiger.

Anders sieht es bei Begegnungen von Hunden aus. Beißereien kommen zwischen Rüden, aber auch unter Hündinnen vor. Dabei neigen Rüden eher zu Scheinkämpfen, können aber auch Feindbilder entwickeln. Hündinnen legen es eher auf Beschädigungen an, wenn sie erst einmal ernsthaft aneinander geraten.

Aber auch die Verträglichkeit gegenüber anderen Hunden kann oft noch gelernt werden.

Die Hündin wird läufig – zweimal im Jahr oder seltener, manchmal leider auch häufiger. Dann verändert sich ihr Verhalten durch die hormonell bedingten Umstellungen. Die Läufigkeit dauert etwa vier Wochen. Eine Zeit lang »färbt« die Hündin, das heißt, sie verliert Blutströpfchen. Durch spezielle Schutzhöschen lässt sich verhindern, dass sie auf dem Teppichboden Flecken hinterlassen. Die Hündin kann nun auf Spaziergängen von Rüden belästigt, bedrängt und bis nach Hause verfolgt werden. Besonders kritisch wird das in den acht bis zehn Tagen, an denen sie

> **TIPP**
> *Erfahrungsgemäß wird bei vielen Hunden, nach denen man sich im Tierheim erkundigt, gleich gesagt: »Lieb, aber ...«. »Lieb« ist sicher schon eine gute Voraussetzung. Überlegen Sie bei der dann genannten Einschränkung genau, was Sie auf sich nehmen möchten. Handelt es sich um ein ernsthaftes Problem, das Sie womöglich nicht bewältigen können, oder um eine Unart, die Sie dem Hund abgewöhnen können? Es ist vor allem eine Frage Ihrer Zeit und Ihrer Geduld – und vielleicht noch der Ihrer Nachbarn.*

steht, also zur Paarung bereit ist. Dann darf sie nur an der Leine, möglichst kurz und in abgelegeneren Gebieten ausgeführt werden. Sie kann ungehorsam werden, im Wortsinne läufig: sie läuft unter Umständen sogar weg. Und sie lässt dann Rüden herankommen, ohne sie wegzubeißen wie in der Zeit vorher und nachher, wenn sie viel versprechend duftet.

Rüden können alles andere vergessen, wenn ihnen eine läufige Hündin begegnet. Dann machen sie sich auch schon mal selbstständig. Es gibt Rüden, die ungeheuer leiden, das Futter verweigern, heulen und nicht mehr schlafen, wenn nebenan eine Hündin läufig ist. Und nebenan kann für die sensiblen Hundenasen auch mehrere Straßen entfernt heißen.

Dann stellt sich die leidige Frage, ob Sie den Hund kastrieren lassen, ebenso wie für den Fall, dass Sie Nachwuchs bei Ihrer Hündin unbedingt vermeiden wollen. Bei medizinischer Indikation ist es klar. Nicht wenige Tierärzte sind grundsätzlich für Kastrationen, während sich andere darauf berufen, dass kein Tier ohne Grund verstümmelt werden darf.

▶ Der Pflegeaufwand

Es kann ja sein, dass Sie bestimmte Vorstellungen vom Aussehen Ihres Hundes haben. Vielleicht haben Sie eine Vorliebe für die schönen Langhaarigen oder mögen lieber die schmalen Kurzhaarigen. Ob langes Fell oder kurzhaarig, stockhaarig, zotthaarig – auch das spielt durchaus eine Rolle, nämlich im Hinblick auf Ihre Zeit. Denn der Pflegeaufwand ist unterschiedlich hoch. Langhaarige Hunde müssen regelmäßig gebürstet werden, stockhaarige Hunde verlieren ständig Unterwolle, die herausgekämmt werden muss, wenn sie nicht in Büscheln überall herumfliegen soll. Bei Pudeln wird zweimal jährlich oder öfter Scheren fällig, bei Terriern mehrmals im Jahr das Trimmen.

Der Aufwand betrifft auch die Ohren: Hat der Hund Stehohren? Kippohren? Hängeohren? Vor allem die langen Hängeohren müssen gut kontrolliert und sorgfältig gesäubert werden.

▶ Rasse oder Typ des Hundes

Wenn Sie einen Rassehund übernehmen, können Sie sich in Büchern ausführlich informieren. Oder Sie wenden sich an die Zuchtvereine.

Die Fellpflege ist bei kurzhaarigen Hunden einfacher.

Spurensuche

Finden Sie so viel wie nur möglich über Ihren Hund heraus.
Fragen Sie vor allem:

- Woher kommt er? Aus der Stadt? Vom Land?
- Wem hat er gehört? Einem Mann? Einer Frau? Einer Familie mit Kindern? Alten Menschen?
- Wie hat er früher gelebt? Wie wurde er gehalten? In einem Haus? Oder einer Wohnung? War er im Zwinger untergebracht? Gab es einen Garten?
  Hatte er viel Auslauf?
- Wie hat er sich verhalten? Lassen Sie sich genaue Beschreibungen geben.
- Warum soll er abgegeben werden? Fragen Sie hartnäckig nach.
- Wie hat er sich im Tierheim verhalten? War er allein in einem Zwinger? Warum?
- Wie lange war er im Tierheim? Wurde er bereits vermittelt?
- Welche Probleme sind aufgetreten? Bohren Sie auch bei dieser Frage!
- Hat er besonders auffällige Eigenschaften?
- Welche prägenden schlechten und guten Erfahrungen hat er gemacht?
- Wie ist es mit seinem Gehorsam?
- Wie verhält er sich gegenüber anderen Hunden? Menschen? Anderen Tieren, etwa Katzen?
- Wie ist sein Gesundheitszustand? Hat er Krankheiten gehabt?

Und spezielle Fragen:

- Was frisst er?
- Wie oft ist er spazieren gegangen? Wie ausdauernd ist er?
- Kann er allein bleiben? Wie lange?
- Hat er Trennungsangst?
- Ist er stubenrein?
- Neigt er zu Zerstörungen?
- Neigt er zum Streunen? Hat er einen Jagdtrieb?
- Lässt er sich überall anfassen?
- Lässt er sich das Futter oder Spielzeug wegnehmen?
- Neigt er zum Kläffen?
- Ist er ängstlich? In welchen Situationen?
- Kann er im Auto fahren?
- Ist er schreckhaft bei bestimmten Geräuschen?
- Ist er verfressen? Klaut er Fressen? Bettelt er?
- Bei Hündinnen: Wann war die letzte Läufigkeit?

Aber der Hund aus zweiter Hand wird wohl eher ein Mischling sein, ein gemischtrassiger Hund. Auch Mischlinge lassen sich vom Typ her oft einer Rasse zuordnen. Bei einigen ist ganz klar zu erkennen, wohin der Hund tendiert, und vielleicht ist Ihnen auch zumindest die Mutter Ihres Hundes bekannt. In anderen Fällen werden Sie nur vermuten können, welche Vorfahren da mitgemischt haben. Man kann sich aber sehr täuschen, denn gerade bei Mischungen entstehen manchmal äußerst ungewöhnliche Hunde, die haargenau so aussehen, als gehörten sie einer bestimmten Rasse an.

Es gibt auch brisante Mischungen, die zum Teil sehr schön sind, aber durch bestimmte Unvereinbarkeiten der Elternteile unausgeglichen sein können, etwa Border Collie und Wolfsspitz, der eine extrem lebhaft, der andere extrem ruhig und häuslich. Das kann einen instabilen Hund ergeben. Anzusehen ist es ihm nicht.

Oft fallen richtig gelungene, überraschende und ganz entzückende Mischlinge auf, die Charme und Witz haben, niedlich, umwerfend, eigenwillig und besonders, eben anders, hübsch sind. Und auch den gemischtrassigen Hunden, die von Rassehundbesitzern vielleicht missbilligend als hässlich bezeichnet werden, ist ja meist ein Reiz abzugewinnen – und wenn nur Sie und andere Hunde ihn erkennen, genügt das vollauf.

Mischlingshunden wird gemeinhin nachgesagt, sie seien, da nicht überzüchtet, kerniger, robuster und weniger anfällig. Das mag auf viele zutreffen, aber es hängt davon ab, welche Vorfahren sie hatten. Auch ein Mischlingshund kann von einem Elternteil Hüftgelenksdysplasie (HD) oder Spondylose (Erkrankung der Wirbelsäule) ebenso wie charakteristische Macken geerbt haben oder die Veranlagungen dazu mitbringen.

Wenn Sie bei einem Mischlingshund wissen oder erkennen können, welche Rassen sich dahinter verbergen, informieren sie sich: Was kennzeichnet diese Rassen? Welches angezüchtete Verhalten zeichnet sie aus? Welche Probleme können auftreten? Welche Nachteile haben sie?

> ### TIPP
> *Ist der Name des Hundes, etwa weil es ein Fundhund ist, nicht bekannt? Sie könnten versuchen ihn herauszufinden, indem Sie den Hund mit einigen der gängigen Hundenamen ansprechen. Vielleicht horcht er ja mit schief gelegtem Kopf plötzlich auf bei Bonny oder Nixe. Hat er einen Namen, behalten Sie den bei. Wenn er Ihnen absolut nicht gefällt, ändern Sie ihn zumindest so ab, dass der Klang noch ähnlich ist, also machen Sie aus Biene dann eine Ine oder aus Bell einen Pelle.*

Schnelltest

Wenn Ihnen all Ihre Fragen beantwortet werden, erfahren Sie eine ganze Menge über den Hund, auch wenn Sie sich schnell entscheiden müssen. Leider müssen Sie damit rechnen, dass Ihnen nicht in allen Punkten die reine Wahrheit gesagt wird, sei das unwissentlich oder absichtlich.

Aber auf den ersten Blick ist vielleicht auch schon etwas zu erkennen, wenn Sie den Hund und seine Körpersprache beobachten. Auch wenn Sie

Ob junger oder älterer Hund, die Erstausstattung brauchen beide.

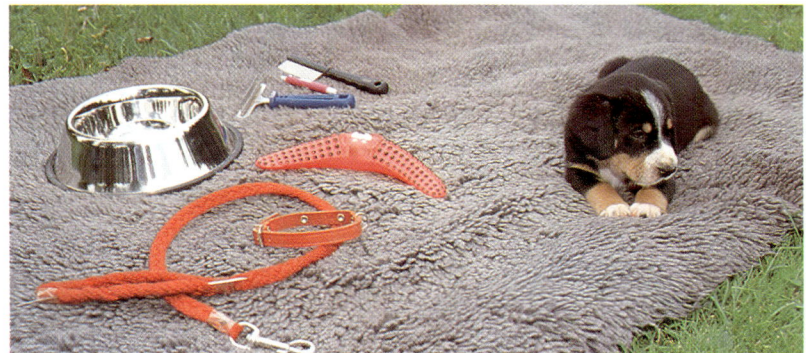

mit dem Hund schon spazieren gegangen sind: Fragen Sie im Tierheim, ob Sie mit ihm in den Auslauf gehen dürfen. Dass er frei läuft und nicht an der Leine geht, ist nämlich wichtig. Sie sollten sich mit Hundeverhalten ein wenig auskennen oder einen kompetenten Hundefreund mitnehmen. Dann machen Sie kleine Tests. Wie verhält sich der Hund Ihnen gegenüber, wenn Sie zum Beispiel plötzlich losrennen? Wenn Sie flüstern? Wenn Sie bestimmte Bewegungen machen, etwa wenn Sie sich bücken oder einen Gegenstand in der Hand haben, zum Beispiel einen Stock oder einen Stein? Wenn Sie die Hand heben? Wenn Sie in die Hände klatschen? Wenn Sie sich umdrehen und weggehen? Wenn Sie ihm ein Spielzeug oder ein Leckerchen anbieten?

Wenn es Ihr Hund wird, fängt Ihre Beziehung zueinander schon bei der Auswahl an.

▶ **Vorbereitungen zu Hause**

Bevor Sie ihn mitnehmen, richten Sie für den Hund zu Hause alles her, damit er sofort einen Platz zum Rückzug vorfindet, wenn er mit Ihnen ankommt. Warten Sie zunächst ab. Die Erstausstattung sollte nur das Nötigste umfassen. Alles andere, etwa Spielzeug, kommt sowieso im Lauf der Zeit hinzu. Zunächst wissen Sie noch gar nicht, womit Ihr Hund etwas anfangen kann.

Richten Sie zu Hause den Liegeplatz oder Liegeplätze an mehreren Stellen schon dort ein, wo der Hund auch in

▶ **Hund aus zweiter Hand als Zweithund?**

Sie haben schon länger einen Hund? Gehen Sie nicht davon aus, dass ein zweiter Hund nichts weiter bedeutet, als dass sie nun eben zweimal Futter zubereiten und zwei Hunde pflegen müssen, sich aber ansonsten nicht viel ändert, da Sie ja die Spaziergänge mit beiden Hunden gemeinsam machen. Der Neue braucht bestimmt in einigen Punkten noch Erziehung, und schon wird es schwierig. Wenn Ihr erster Hund gut erzogen ist, wäre es für alle Beteiligten besser, wenn Sie mit dem Neuen allein üben. Damit wird Ihr Zeitaufwand für die beiden Hunde aber fast doppelt so groß.

Die Erstausstattung

☐ Wassernapf und Futternapf aus Edelstahl, Kunststoff oder Keramik; standfest oder auf einem Gestell

☐ Halsband, möglichst aus Leder oder aus festem Gurtband; keine Kette, kein Würger, kein Stachelhalsband

☐ Adresskapsel

☐ Leine, ebenfalls aus Leder oder Gurtband; keine Automatikleine, die sich aufrollt

☐ Korb mit Kissen oder Hundedecke

☐ Gut, aber nicht gleich notwendig: eine Hundebox

☐ Leckerchen und zum Knabbern einen Kauknochen aus Büffelhaut

☐ Als erstes Spielzeug gut geeignet ist ein Tauknoten, ein dickes, geflochtenes Seil aus Baumwolle mit verknoteten Enden

☐ Tüten zum Aufsammeln der Hinterlassenschaften Ihres Hundes

Zukunft immer liegen soll. Das muss ein Platz sein, an dem nicht jeder vorbeigeht und an dem er weder im Luftzug liegt noch an der Heizung. Der Hund muss einen richtigen Ort zur Ruhe vorfinden.

Auch Futter- und Wassernapf stellen Sie schon dort auf, wo sie bleiben sollen, am besten in einer Ecke, in der der Hund ungestört und alleine fressen kann und in der Sie leicht den Fußboden wischen können.

Nehmen Sie Reste von seinem bisherigen Futter mit oder fragen Sie, was er bekommen hat. Eine plötzliche Futterumstellung kann zusätzlich zur fast vollständigen Umkrempelung des Lebens, die nun auf ihn wartet, Verdauungsprobleme zur Folge haben.

▶ Abholen des Hundes

Im Tierheim und fast immer auch bei anderer seriöser Vermittlung schließen Sie einen Schutzvertrag ab und entrichten eine Vermittlungsgebühr. Die ist unterschiedlich hoch, auf jeden Fall ist sie gering. Denn in der Regel übernehmen Sie einen geimpften, oft auch tätowierten oder mit Mikrochip gekennzeichneten und vielleicht sogar einen kastrierten Hund.

Lassen Sie sich alle Papiere aushändigen, die vorhanden sind.

Wenn Ihre Kinder auch noch so drängeln und versprechen, ganz ruhig zu sein – es ist besser, wenn Sie den Hund alleine abholen. Führen Sie ihn vor dem Rückweg eine Runde in der Nähe des Tierheims oder in seiner gewohnten Umgebung aus, damit er sich noch einmal lösen kann.

▶ Der Weg nach Hause

Hat Ihr Hund keine Probleme beim Autofahren, bringen Sie ihn schnell und zügig nach Hause. Legen Sie eine Decke aus. Am besten ist es, wenn er im Auto gleich seinen festen Platz zu-

Eine Hunde-Box bietet Sicherheit bei Autofahrten.

gewiesen bekommt, abgesichert entweder auf dem Rücksitz mit Gurt oder auf der Ladefläche durch ein Trenngitter oder -netz.

Ist er an öffentliche Verkehrsmittel gewöhnt, wird ihm auch das keine Probleme bereiten.

Kennt er das alles gar nicht, ist es der erste Ernstfall für Sie beide.

Sie sind dem Hund noch fremd. Lassen Sie ihn während der ganzen Zeit an der Leine. Für den Hund ist das alles ganz sicher Stress. Und für Sie wahrscheinlich auch. Versuchen Sie trotzdem, so viel Ruhe und Sicherheit wie möglich auszustrahlen. Scheuen Sie sich nicht, unterwegs mit dem Hund mit beruhigender Stimme zu reden. Alle Hundebesitzer reden mit ihren Hunden, auch auf der Straße.

▶ Zeit und nochmals Zeit

Nicht anders als wenn Sie einen Welpen ins Haus holen, ist es für alle Beteiligten am wichtigsten, dass Sie gerade am Anfang viel Zeit für den Hund haben. Das bedeutet, Sie müssen sich Urlaub nehmen, wenn Sie berufstätig sind. Mit drei Wochen für die erste Phase der Eingewöhnung müssen Sie unbedingt rechnen, und die sollten auch voll und ganz dem Hund gewidmet werden. Macht er gleich die Erfahrung, dass er wieder allein zurückgelassen wird, ist das kein guter Beginn. Die meisten Hunde, die aus dem Tierheim kommen, haben Verlassensängste, und ein Hund weiß nicht, dass Sie vielleicht nur drei, vier Stunden weg sind, er weiß eben nur, dass er hier und jetzt gerade allein gelassen wird.

Wenn Sie sich nach allem, was Sie vorab zu bedenken haben, nun doch nicht für einen Hund mit Vergangenheit entscheiden wollen oder können, aber auch keinen Welpen haben möchten, dann bleibt immer noch die Möglichkeit, Hunde anderer Menschen vorübergehend zu betreuen. Zum Beispiel in der Urlaubszeit oder bei Krankenhausaufenthalten der Hundehalter. Sie könnten Hundesitter sein, Sie könnten im Tierheim einen Patenhund übernehmen oder mit Hunden spazieren gehen. So hätten Sie immer Kontakt zu Hunden.

▶ Übereignungsverträge

Die Übereignung eines Hundes aus dem Tierheim erfolgt meist unter der Bedingung, dass der Käufer den Hund ordnungsgemäß unterbringt und pflegt, ihn nicht als Kettenhund hält, ihn nicht zu Versuchszwecken aller Art benutzt und nicht ohne Einverständnis des Tierheims veräußert, verschenkt oder sonst in andere Hände gibt. Kann der Besitzer den Hund nicht mehr halten, muss er dem Tierheim meist ohne Entgelt zurückgegeben werden. Das Tierheim behält sich oft vor, ein abgegebenes Tier zurückzufordern, wenn seine Haltung nicht den Anforderungen entspricht.

Die erste gemeinsame Zeit

Die erste gemeinsame Zeit

36 ▶ Ein neues Zuhause	42 ▶	Registrierung
36 ▶ Rituale und Regeln	43 ▶	Anmelden und versichern
37 ▶ Ruhe gönnen	43 ▶	Der erste Tierarztbesuch
38 ▶ Der Rundgang	44 ▶	Tätowierung oder Chip
38 ▶ Die erste Nacht	45 ▶	Annäherungen
40 ▶ Zeiten festlegen	48 ▶	Hundeernährung
41 ▶ Der Alltag beginnt	51 ▶	Der Umgangston

▶ **Ein neues Zuhause**

Dem Hund, den Sie übernommen haben, haben Sie ein Versprechen gegeben: Er soll es jetzt bei Ihnen gut haben. Einen Hund aus dem Tierheim oder von anderer Stelle zu holen, ihn dann in einen Zwinger zu sperren oder den ganzen Tag sich selbst im Garten oder auf einem Gelände zu überlassen oder ihn im Hof anzubinden, ist einfach falsch. Der Hund möchte so gehalten werden, wie es ihm entspricht. Er ist ein Rudeltier, er braucht die Nähe des Menschen, er braucht den Menschen als Sozialpartner und Bezugsperson. Er soll wie ein Familienangehöriger mit Ihnen leben. Nur durch diese Nähe wird er zu Ihrem Hund und kann erzogen werden. Erziehung eines Hundes, das ist ja nicht der in Lektionen gelernte Gehorsam mit »Komm«, »Sitz«, »Platz«, sondern das tägliche Zusammenleben, bei dem auch immer wieder die Rangordnung festgelegt wird, die der Hund braucht.

RITUALE UND REGELN ▶ Vieles, was in den nächsten Wochen und Monaten auf Sie zukommt, sind neue Errungenschaften für Sie beide. Das ist ein Stück intensive Arbeit in kleinen Schritten, die Ihre ganze Aufmerksamkeit erfordern wird. Aber es macht einfach Freude zu sehen, wie sich ein Hund entwickelt, wie er dazulernt, wie er sich anschließt. Seien Sie nur nicht enttäuscht, wenn Sie nicht schon nach einem Monat, nach zwei oder sechs Monaten in jeder Hinsicht einen Erfolg

> **TIPP**
> *Achten Sie zwar in der ersten Zeit viel auf den Hund, damit Sie mehr und mehr über ihn erfahren, zugleich beachten Sie aber auch Ihre eigene Körpersprache. Was signalisieren Sie dem Hund? Wenn Sie sich zum Beispiel von oben zu ihm herabbeugen, ist das eine Körperhaltung, die auf ihn bedrohlich wirkt. Machen Sie sich bei jeder Ihrer Gesten, die an den Hund gerichtet sind, bewusst, was Sie damit zeigen und bewirken. Er nimmt auch die feinsten Signale wahr, die von Ihnen ausgehen. Das heißt, Sie haben mindestens ebenso viel zu lernen wie Ihr Hund.*

bemerken. Es handelt sich um einen Prozess, und der kann sich hinziehen.

Die erste Zeit ist allerdings ausschlaggebend für die Beziehung des Hundes zu Ihnen und umgekehrt. Jetzt setzen Sie Zeichen, die für das weitere Zusammenleben bestimmend sind. Das Beste, was Sie für Ihren Hund tun können, ist, ihm klare Regeln zu vermitteln. Dafür müssen Sie wissen, wie Sie sich das Zusammenleben mit ihm vorstellen.

Regeln geben dem Hund einen Rahmen und tragen dazu bei, dass er sich sicher fühlt und sich Ihrer sicher sein kann. Den Hund zu verwöhnen, ihm immer wieder etwas durchgehen zu lassen und vor allem einmal etwas zu erlauben, ein anderes Mal nicht, verunsichert ihn. Es ist darüber hinaus gut, wenn Sie sich für den Hund immer wiederkehrende Rituale einfallen lassen, und sei es jeden Morgen der Gang zum Bäcker auf dem Rückweg vom ersten Gassi-Gehen.

RUHE GÖNNEN ▶ Sind Sie und Ihr Hund wohlbehalten zu Hause angekommen, gönnen Sie sich und ihm erst einmal eine Pause. Stellen Sie ihm frisches Wasser hin und zeigen Sie ihm seinen Liegeplatz. Das genügt fürs Erste. Er soll gleich wissen, wo sein zukünftiger Rückzugsort ist, den alle respektieren.

Selbst Hunde, die verspielt und aufgeschlossen sind, oder solche, die den Eindruck machen, als könnte sie nichts erschüttern, brauchen jetzt Ruhe. Betreiben Sie so wenig Aufwand wie möglich. In dieser Situation soll keiner über den Hund herfallen, auch nicht mit Liebesbeweisen und Streicheln und schon gar nicht mit dem vollen Verwöhnpro-

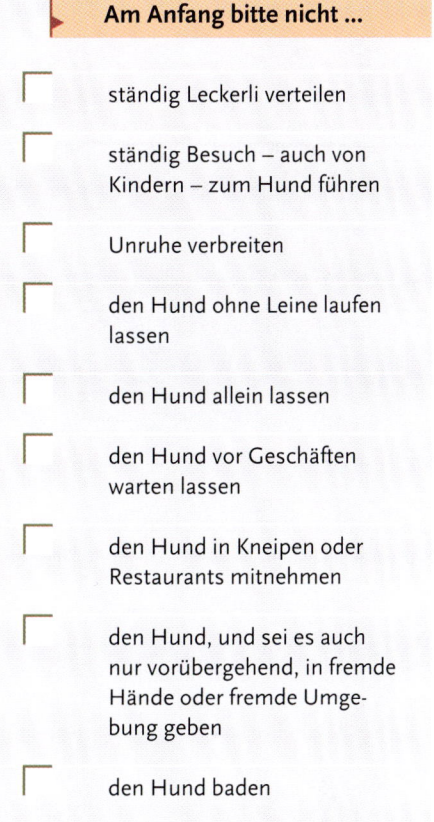

Am Anfang bitte nicht ...

- ☐ ständig Leckerli verteilen
- ☐ ständig Besuch – auch von Kindern – zum Hund führen
- ☐ Unruhe verbreiten
- ☐ den Hund ohne Leine laufen lassen
- ☐ den Hund allein lassen
- ☐ den Hund vor Geschäften warten lassen
- ☐ den Hund in Kneipen oder Restaurants mitnehmen
- ☐ den Hund, und sei es auch nur vorübergehend, in fremde Hände oder fremde Umgebung geben
- ☐ den Hund baden

gramm in Form von Leckerchen oder Extraportionen oder einem vollen Futternapf.

Lassen Sie den Hund einfach zu sich kommen, aber behalten Sie ihn trotzdem immer im Blick. Bleiben Sie in seiner Nähe. Gehen Sie irgendwelchen geräuscharmen und nicht zu aktionsreichen Beschäftigungen nach.

Zur Ruhe gehört auch, dass er nicht ständig angesprochen wird. Natürlich sprechen Sie mit ihm. Ihre Stimme ist ruhig, eher sehr leise als laut. Hunde haben ein gutes Gehör. Sprechen Sie ihn auch einige Male, aber nicht bei jedem Satz, mit seinem Namen an. Sie bestimmen von jetzt an den Ton, der zwischen Ihnen herrscht.

DER RUNDGANG ▸ Wenn sich der Hund beruhigt hat und schon von sich aus beginnt herumzugehen und herumzuschnüffeln, wird es Zeit für einen ersten Rundgang.

> ### TIPP
> *Legen Sie dem Hund in der ersten Zeit tagsüber immer das Halsband um, auch zu Hause. Wichtig: mit Adresskapsel oder -anhänger. Sollte er aus der Tür huschen können oder im Garten doch einen Durchschlupf finden und weglaufen, ist es leichter, ihn wieder zu finden. Hat er das Halsband um, können Sie auch schnell nach ihm greifen. Fassen Sie dabei von unten zu, denn einige Hunde reagieren auf den Zugriff der Hand von oben, indem Sie sich entziehen oder schnappen. In der Nacht wird das Halsband abgenommen.*

Zunächst lernt der Hund die Familie kennen. Jeder darf ihn begrüßen, ihm die Hand hinhalten und ihn schnuppern lassen. Dabei sollten keine Leckerbissen verteilt werden.

Für den Rundgang durch die Wohnung oder durch das Haus nehmen Sie ihn an die Leine. Gehen Sie voraus. Der Hund folgt Ihnen. Muss er Treppen steigen? Ist er das gewöhnt? Gehen Sie mit ihm langsam und in seinem Tempo überall dort umher, wohin er auch später gehen darf. Lassen Sie ihn überall ausgiebig schnuppern. Soll er noch weitere Liegeplätze zugewiesen bekommen, etwa in einer Ecke im Wohnzimmer oder unter einem Schreibtisch, darf er sich dort hinlegen. Soll ein Raum – sei es das Bad, ein Vorratsraum oder ein anderer Ort – für den Hund verbotenes Terrain sein, führen Sie ihn auch jetzt nur bis an die Grenze oder sperren ihn gleich mit Gittern oder anderen Barrieren ab.

Wenn Sie einen Garten haben, führen Sie den Hund an der Leine hinaus. Soll der Hund sich später auch allein im Garten aufhalten, muss der durch einen genügend hohen Zaun oder eine wirklich dichte Hecke vollständig abgesichert sein.

DIE ERSTE NACHT ▸ In der Nacht oder gerade in der Nacht wird der Hund nicht ausgesperrt, in einen Zwinger oder in den Garten verbannt, sondern bleibt im Haus. Dass er nicht ins Schlafzimmer darf, finden nur Menschen, die keinen Hund haben, selbstverständlich, während sehr viele Hundehalter den Hund durchaus gerne neben sich oder in einer Ecke des Raumes im Korb oder auf einer Decke schlafen lassen. Das ist nicht nur eine Geschmacksfrage. Der Schlafplatz in Ihrem Schlafzimmer verstärkt die Bindung. Aber Sie bestimmen den Platz. Manche Hunde schlafen nicht weniger gern vor der Schlafzimmertür oder auf einem Liegeplatz im Flur. Lassen Sie in der ersten Zeit die Tür des Schlafzimmers offen.

Auch wenn es Hundehalter gibt, die – eingestanden oder nicht – ihren Hund mit ins Bett nehmen: Das sollten Sie dem gerade von Ihnen übernommenen Hund nicht erlauben. Fordern Sie ihn also nicht dazu auf, und wenn er Ihnen noch so einsam vorkommt.

Anhänglichkeit oder Unsicherheit

Wahrscheinlich wird es so sein, dass Ihnen der Hund am Anfang nicht von der Seite weicht. Er klebt an Ihren Fersen. Sobald Sie sich nur erheben, steht auch er auf und folgt Ihnen, und wenn es ins Badezimmer ist.
Das mag nach Anhänglichkeit aussehen, aber es ist zunächst nichts als Unsicherheit. Es sagt Ihnen bereits etwas Grundsätzliches und Entscheidendes: Der Hund sucht Orientierung, er hält sich einfach – naheliegend – an Sie.
Das nutzen Sie dafür aus, die Regeln zu bestimmen.
Es handelt sich also noch nicht um eine Bindung zu Ihnen. Ob eine Bindung daraus wird, stellt sich erst später heraus, und wenn sie entsteht, hängt das davon ab, dass Sie dem Hund vermitteln, wie er sich verhalten soll. Sie sagen es ihm nicht, sondern zeigen es ihm. Ungefähr die ersten sechs Wochen sind ausschlaggebend für Ihre Beziehung.

Sie wissen nicht, wie er darauf reagiert. Und wären Sie jederzeit bereit, für einen Hund an die Seite zu rutschen und unbequem zu liegen? Was sagt Ihr Partner dazu? Sie könnten mit einem Hund, der ins Bett darf, auch wenn er klein ist, früher oder später außerdem Dominanzprobleme bekommen, abgesehen davon, dass es auch hygienisch nicht so einwandfrei ist. Denn der Hund, der es gewohnt ist, im oder auf dem Bett zu liegen, springt auch dann hinein oder hinauf, wenn er Dreckpfoten hat. Es ist einem Hund nicht klarzumachen, dass er eine Sache einmal tun darf, ein anderes Mal nicht. Und Erläuterungen für Ihr merkwürdig unausgeglichenes Verhalten versteht er nicht.

Was tun Sie, wenn der Hund mitten in der Nacht plötzlich neben Ihrem Bett auftaucht oder sogar die Vorderpfoten auf die Bettkante stellt? Führen Sie ihn zurück, ohne viel Aufhebens davon zu machen. Und wenn er nachts anfängt zu fiepen oder zu heulen? Beruhigen Sie ihn zunächst mit Ihrer Stimme,

Bell, zwölf Jahre alt, ist müde. Der Liegeplatz muss ein Rückzugsort sein.

und nur wenn das gar nicht hilft, gehen Sie zu ihm, aber geben Sie ihm in diesen Situationen auf keinen Fall einen Trosthappen in sein Körbchen.

Manche Hunde wandern nachts umher und wechseln den Liegeplatz. Dagegen ist nichts einzuwenden, solange der Hund nicht in die für ihn tabuisierten Räume gelangen oder etwas anstellen kann.

▶ **Zeiten festlegen**

BEIM FRESSEN ▶ Sie legen vom ersten Tag an die Zeiten fest. Wenn Sie wissen, dass der Hund in seinem früheren Leben einen anderen Rhythmus hatte als der, den Sie jetzt für Ihren Alltag anstreben, beginnen Sie gleich mit der allmählichen Umstellung.

Versuchen Sie, die neu gesetzten Zeiten gerade am Anfang einigermaßen einzuhalten. Alle Verlässlichkeiten schaffen Vertrauen und geben die notwendige Sicherheit. Später müssen Sie das nicht mehr so genau nehmen.

Hat der Hund zum Beispiel bisher nur einmal täglich Futter bekommen und Sie wollen zweimal füttern, halten Sie sich mit einer Mahlzeit annähernd an seine bekannte Zeit. So gravierend sind die Unterschiede ja meist nicht. Es ist überhaupt nicht schlimm für den Hund, wenn er auf sein Fressen eine Weile warten muss und dann auch nur einen Teil der Portion bekommt, die er von früher kannte. Auch bei der Umstellung von Sommer- auf Winterzeit muss der Hund ja plötzlich eine Stunde lang warten.

BEIM GASSI-GEHEN ▶ Viele Hunde haben auch dabei feste Zeiten und Gewohnheiten. Es gibt Hunde, die sich grundsätzlich nur auf begrüntem Untergrund lösen – was auch angebracht ist – und nur in äußersten Notfällen auf gepflastertem Fußweg oder asphaltierter Straße. Wie Ihr Hund es macht, wissen Sie noch nicht. Er wird es Ihnen aber bestimmt bald zeigen, wenn er dazu die Gelegenheiten hat. Deshalb gehen Sie in den ersten Tagen lieber öfter mit ihm hinaus. Das ist auch besser, weil es in der Aufregung der Umstellung passieren kann, dass der Hund sich in der Wohnung löst, selbst wenn er im Grunde stubenrein ist.

▶ **Was erwartet Ihr Hund?**

☐ Kontakt zu Ihnen und der Familie

☐ Regeln, die Sie aufstellen und an die Sie sich halten

☐ immer verlässliche Versorgung mit Futter und Wasser

☐ regelmäßige lange Spaziergänge

☐ Gassi-Gänge, vor allem morgens und abends

☐ Begegnungen mit anderen Hunden

☐ einen ruhigen Rückzugsort

☐ tierärztliche Behandlung bei Krankheit

☐ Beständigkeit

☐ Beschäftigung, eine Aufgabe

Auch die Zeiten fürs Gassi-Gehen lassen sich gut beeinflussen, der Hund kann sich allmählich an einen anderen, von Ihnen angepeilten Rhythmus gewöhnen. Das erweist sich im Zusammenleben als recht praktisch.

Einen Plastikbeutel oder eine Papiertüte zum Aufsammeln der Hinterlassenschaften haben Sie immer dabei.

▶ Der Alltag beginnt

DIE ERSTEN SPAZIERGÄNGE ▶ Der Hund muss hinaus, und dabei kennen Sie ihn doch noch gar nicht richtig und sind unsicher. Wie wird er sich verhalten? Dass Sie ihn in den ersten Tagen, besser sogar in den ersten Wochen, an der Leine lassen, ist klar.

Am Anfang sollten die Spaziergänge nicht zu lang sein und zunächst nur in die nähere Umgebung führen.

Kommen andere Hunde auf Sie zu, bitten Sie die Hundehalter um Rücksicht. Wenn bei einer Hundebegegnung Ihr Neuer angeleint ist, der andere aber frei läuft, kann es kritisch werden.

TIPP

Sehen Sie sich, wenn Sie und der Hund sich bereits eine Weile kennen, nach öffentlichen Tobe- und Auslaufplätzen für Hunde und nach Gegenden für lange Spaziergänge um. Suchen Sie sich auf Ihren Spaziergängen schon in der ersten Zeit Menschen, die verträgliche Hunde haben, und schließen Sie sich Ihnen mit Ihrem – hoffentlich auch verträglichen – Hund an. Erste Kontakte sind wichtig für Ihren Neuankömmling. Gehen Sie auf andere Menschen und Hunde neutral zu.

Gehen Sie aber aus dem Grund Hunden nicht ständig aus dem Weg, sondern fragen Sie die anderen Hundebesitzer, wie sich ihr Hund verhält. Lassen Sie die Leine locker hängen und beobachten Sie Ihren Hund genau.

FREUNDE, NACHBARN, BRIEFTRÄGER
▶ Nach und nach wird der Hund jetzt Ihre Freunde, Besucher, Nachbarn, Boten und Fremde kennen lernen.

Sie werden feststellen, ob Ihr Hund wachsam ist und sich bei unbekannten

In der ersten Zeit läuft der Hund draußen nur an der Leine.

Geräuschen meldet, ob er ein Kläffer ist, der oft anschlägt, ob er die Ruhe bewahrt, wann er die Schritte von Familienmitgliedern zu unterscheiden lernt, und nicht zuletzt, wie er auf Menschen zugeht, die zu Ihnen kommen. Wohnen Sie in einem Mietshaus, kann es angebracht sein, dass Sie den Hund vorstellen, wenn Sie andere Mieter treffen.

Den Briefträger sollte er akzeptieren, ebenso wie Handwerker und alle anderen Menschen, die von Ihnen hereingelassen werden. Es gibt Briefträger, die sogar, um Hunde zu beruhigen oder zu bestechen, Leckerli dabeihaben. Sollte Ihr Briefträger zu ihnen gehören, bitten Sie ihn, dass er Ihrem Hund nur dann etwas gibt, wenn der sich freundlich verhält.

Der Hund soll dabei aber auch nicht lernen, dass er von jedem Menschen etwas annehmen darf.

> **TIPP**
> *Wenn Sie verschiedene Hörzeichen oder Befehle einführen, dann einigen Sie sich mit der ganzen Familie auf die Situationen, in denen sie verwendet werden. Es ist ganz wichtig, dass all diese Signale immer im selben Zusammenhang verwendet werden. Legen Sie notfalls eine Art Vokabelheft an – damit nicht der eine fürs Stehenbleiben am Straßenrand »Halt« sagt, der andere »Warte«, der Dritte »Bleib«. Auch das stellt einen Rahmen für den Hund her, in dem er seine Sicherheiten gewinnt.*
> *Was noch dazugehört: Jeder in der Familie soll wissen, was dem Hund erlaubt ist und was er nicht tun darf. An die Regeln muss sich nicht nur der Hund halten!*

Die meisten Hunde unterscheiden irgendwann genau: Wenn Sie sich freuen, dass Besuch oder Post kommt, und das auch zum Ausdruck bringen, freut sich auch der Hund – wenn man das so sagen darf – und läuft oft schon wedelnd zur Tür. Lassen Sie ihn, wenn er das schon kann oder sobald er das gelernt hat, »Sitz« machen und sich nicht vor Ihnen an die Tür drängeln, wenn Sie sie öffnen.

Besucher, die notorisch von Ihrem Hund angebellt werden, sollten nicht versuchen, den Hund mit dargereichten Leckerchen von ihrer freundlichen Gesinnung zu überzeugen. Der Hund wird einfach von ihnen ignoriert und in Ruhe gelassen.

REGISTRIERUNG ▶ Möchten Sie den Hund registrieren lassen, gibt es dazu die Möglichkeit beim Haustierregister im Deutschen Tierschutzbund e. V. Dazu braucht der Hund in jedem Fall einen Mikrochip (Transponder) oder eine Tätowierung. Das ist beim Haustierzentralregister von TASSO e. V. nicht unbedingt notwendig.

Sie erhalten eine Halsbandplakette, auf der zum einen eine Kennziffer für den Hund angegeben ist, zum anderen die Telefonnummer von DTB oder TASSO. Sollte Ihr Hund weglaufen und wird gefunden, können Sie anhand der Kennziffer als Halter ausfindig gemacht werden.

Befestigen Sie zusätzlich noch eine Adresskapsel oder einen -anhänger am Halsband des Hundes. Gemäß Hundeverordnung gehört das zur Kennzeichnungspflicht. Sie sind dadurch auch unmittelbarer erreichbar, sollte Ihr Hund in der näheren Umgebung entlaufen.

FORMALITÄTEN   43

Der erste Tierarztbesuch

War Ihr Hund in seinem bisherigen Leben noch nie in einer Tierarztpraxis, weiß er auch nicht, was ihn erwartet. Er ahnt also nichts Schlimmes. Nicht alle Hunde haben Angst vor dem Tierarzt, aber die meisten verbinden den Besuch doch mit mehr oder weniger Schmerzen. Sie streben, kaum an der Leine in die Praxis geschleift, gleich wieder dem Ausgang zu.

Auch für kleine Hunde ist eine Haftpflichtversicherung angebracht.

> **TIPP**
>
> *Kommt es in der Aufregung vor, dass der Hund auf die Umstellung in seinem Leben mit Verdauungsproblemen reagiert und Durchfall bekommt, geben Sie ihm gekochten Reis mit Hühnchenfleisch, eventuell noch gekochte, zerkleinerte Möhren dazu. Leckerli werden gestrichen. Wasser ist gerade bei Durchfall besonders wichtig!*
> *Manche Tierärzte empfehlen bei Durchfall konsequent 24 Stunden lang Nulldiät. Ist der Durchfall allein durch Stress bedingt, ist das nicht unbedingt notwendig. Dauert er länger als 24 Stunden an, gehen Sie zum Tierarzt.*

ANMELDEN UND VERSICHERN

Der neue Hund muss bei der Gemeinde angemeldet werden. Von jetzt an zahlen Sie für ihn Hundesteuer, und da es sich um eine indirekte Steuer handelt, ist es nicht im Preis inbegriffen, dass Ihr Hund in den Grünanlagen seine Haufen hinterlassen darf. Einige Gemeinden erlassen für Hunde aus dem Tierheim im ersten Jahr die Steuern.

Schließen Sie unbedingt eine Tierhalter-Haftpflichtversicherung für den Hund ab. Die Deckungssumme sollte dabei nicht unter 1,5 Millionen Euro liegen. Es gibt große Unterschiede in der Höhe des Beitragssatzes. Informieren Sie sich bei mehreren Versicherungen.

Lange sollten Sie nicht zögern, zu einer ersten Untersuchung zum Tierarzt zu gehen. Aber der Besuch kann auch bereits gemachte unangenehme Erfahrungen auffrischen oder zu einer werden. Wenn Sie zunächst einen Tierarztbesuch ohne ernstlichen medizinischen Anlass machen, kann Ihr Hund den Tierarzt in einer entspannten Situation kennen lernen. Erzählen Sie dem Tierarzt, woher Sie den Hund haben und was Sie über ihn wissen.

Gesundheits-Check

Achten Sie in der ersten Zeit auf diese Punkte, vor allem bei plötzlichem Auftreten. Gehen Sie bei Auffälligkeiten zum Tierarzt.

- Ist der Hund oft müde und schläft sehr fest?
- Verhält er sich oft unruhig?
- Ist er plötzlich aggressiv?
- Frisst er weniger? Verweigert er Fressen? Sogar Leckerchen?
- Trinkt er plötzlich viel oder weniger?
- Wie läuft er? Wird er schnell müde?
- Springt er nicht gern? Lahmt er nach längeren Spaziergängen?
- Steht er nach dem Liegen mühsam auf?
- Kratzt er sich häufig?
- Leckt er sich immer wieder an bestimmten Stellen?
- Schüttelt er den Kopf oder hält er den Kopf schief?
- Setzt er nicht regelmäßig (ein bis zwei Mal am Tag) Kot ab?
- Hat er Beschwerden beim Harnlassen? Tröpfelt er nur?
- Hustet er oft?
- Hechelt er schon nach kurzer Anstrengung?

IMPFUNGEN ▶ Vielleicht haben Sie den Hund bereits geimpft übernommen. Das müsste dann in seinem Impfpass eingetragen sein. Es handelt sich zum einen um die Impfung gegen Tollwut, zum anderen um eine meist kombinierte Vier- oder Fünffach-Impfung gegen Staupe, Hepatitis (Infektiöse Leberentzündung), Leptospirose, Parvovirose und Zwingerhusten. Ist der Hund bisher noch nie geimpft worden, muss »geboostert« werden, das heißt, er wird zweimal geimpft, zunächst eine Grundimpfung, der vier Wochen später eine weitere Impfung folgt, weil die erste noch nicht den ausreichenden, voll wirksamen Impfschutz bietet. Danach wird jedes Jahr einmal geimpft.

ALLGEMEINUNTERSUCHUNG ▶ Einen ersten grundsätzlichen Gesundheits-Check bei Ihrem Hund lassen Sie jedoch auf jeden Fall vornehmen. Vielleicht muss der Hund dafür nicht einmal auf den Tisch gehoben werden. Noch steht ja nicht fest, was er alles gewöhnt ist und ohne Protest über sich ergehen lässt.

Wichtig sind ab jetzt regelmäßige Tierarztbesuche, zweimal im Jahr, die Zeit der Entwurmung bietet sich da an. Lassen Sie gerade bei einem älteren Hund auch einmal im Jahr einen Check-up mit Blutbild machen, bei dem besonders auf Altersprobleme geachtet wird, etwa die Nierenwerte überprüft werden.

TÄTOWIERUNG ODER CHIP ▶ Wenn es sich bei Ihrem Hund um einen Rassehund handelt, hat er in der Regel schon eine Tätowierung. Die Nummer befindet sich entweder im Ohr oder auf der Innenseite der Schenkel. Hat er einen Mikrochip? Der wird im Bereich der Schulter unter die Haut injiziert und ist nur mit speziellen Lesegeräten zu entziffern. Ob Chip oder Tätowierung – mit dieser Kennzeichnung wird der Hund unverwechselbar. Soll er registriert werden, braucht er das eine oder andere. Eine Tätowierung kann nur unter Narkose vorgenommen werden. Der etwa reiskorngroße Chip wird fast schmerzfrei und sehr rasch eingesetzt.

Ihr Hund braucht Tätowierung oder Chip auf jeden Fall auch dann, wenn Sie in bestimmte Länder reisen wollen, etwa nach Schweden, Norwegen oder Großbritannien.

Ob Sie allerdings gleich beim ersten Tierarztbesuch dem gerade erst übernommenen Hund diese Behandlung zumuten wollen, ist eine andere Frage. Da warten Sie lieber noch eine Weile ab.

PARASITEN ▶ Hunde, die über vier Monate alt sind, werden vierteljährlich entwurmt, erwachsene Hunde zweimal im Jahr. Regelmäßige Entwurmung ist wichtig, da viele Endoparasiten den Hund entkräften. Zudem können Hundewürmer auch Menschen befallen. Aber keine Sorge, das kommt äußerst selten vor und wird durch normale Hygienemaßnahmen verhindert (den Hund nicht übers Gesicht lecken lassen, vor dem Essen Hände waschen und dergleichen).

Lassen Sie den Tierarzt auch gleich kontrollieren, ob der Hund Milben oder Flöhe hat. Mit einem speziellen Kamm lässt sich das leicht feststellen. Da Flöhe Bandwürmer übertragen können, ist nach einer Behandlung gegen Flohbefall anschließend die Entwurmung fällig.

Gegen Ektoparasiten wie Flöhe oder Zecken können verschiedene Mittel angewendet werden. Etwa Puder, auch mit natürlichen Wirkstoffen erhältlich, oder Ungezieferhalsbänder oder Mittel, die im Bereich von Schulter und Schwanzwurzel auf die Haut aufgetragen werden, sogenannte Spot-on-Präparate, oder mit denen der Hund eingesprüht wird. In den zwei, drei Tagen danach darf der Hund an den behandelten Bereichen nicht gestreichelt werden. Die Mittel sind natürlich alle nicht völlig harmlos.

Haben Sie den Hund in den Sommermonaten übernommen, könnte er auch Zecken haben oder auf den ersten Spaziergängen in Wald und Flur bekommen. In manchen Jahren starten diese kleinen Spinnentiere ihre Aktivität bereits ab März. Finden Sie beim Streicheln Zecken, ziehen Sie sie mit einer speziellen Zeckenzange heraus. Nie mit Öl beträufeln oder andere überkommene Methoden anwenden. Wenn eine Zecke nicht schnell entfernt oder nur ihr Körper abgerissen wird und der Kopf in der Haut stecken bleibt, gibt sie noch ein Sekret ab, in dem sich Krankheitserreger befinden können. Lassen Sie sich vom Tierarzt beraten. Es gibt die Möglichkeit, Hunde gegen die von Zecken übertragene Borreliose zu impfen.

▶ **Annäherungen**

Beim Zusammenleben kommen Sie und Ihr Hund sich schon täglich und auch in der Nacht näher, und da zeigt sich, wie er auf Berührungen reagiert. Nur ein sehr ängstlicher oder handscheu gemachter Hund muss erst erfahren, dass der Kontakt zum Menschen nichts Unangenehmes bedeutet.

STREICHELN ▶ Es wirkt beruhigend auf die meisten Hunde, wenn sie gestreichelt werden. Streicheln Sie Ihren Hund viel, aber nicht ständig und bei jedem Vorbeigehen. Rufen Sie ihn auch immer wieder zu sich heran, um ihn zu streicheln. Für die einen ist das Kraulen der Ohren das Höchste, für die anderen des Bauches oder der Brust. Schmeißt sich der Hund an Ihrer Seite auf den Rücken und lässt sich alles gefallen, haben Sie schon viel gewonnen.

Die Anwendung des TTouches ist gerade bei einem leicht verängstigten, unsicheren Hund ein guter Weg, Vertrauen herzustellen (siehe Seite 105). Hektik ist zur Streichelstunde unangebracht. Haben Sie keine Zeit und müssen gleich wieder aufspringen, beginnen Sie lieber gar nicht erst. Nutzen Sie das Streicheln, um Ihren Hund überall abzutasten und seine Haut zu untersuchen.

Und wenn sich Ihr Hund nicht streicheln lässt? Wenn er ausweicht oder knurrt? Zwingen Sie ihn nicht, aber warten Sie bei ihm auch nicht, bis er von selbst herankommt. Versuchen Sie es immer wieder, immer nur für kürzere Zeit, immer ganz ruhig. Vielleicht lässt er sich ja auch nur an einigen Körperstellen nicht anfassen?

Nach einer gewissen Zeit des Streichelns sagen Sie dem Hund: Nun ist es genug. Bettelt er um weitere Zuwendung dieser Art, lassen Sie sich nicht darauf ein.

FELLPFLEGE ▶ Sie werden schon in der ersten Zeit dem Hund auf den Pelz rücken müssen. Ob Frühjahr oder Herbst, ob langhaarig oder kurzhaarig, Sie kommen nicht darum herum, ihn zu bürsten oder zu kämmen oder sogar zu baden, je nach Zustand des Fells. Gehen Sie ganz behutsam vor. Es kann

Fast alle Hunde genießen die Fellpflege. Aber vielleicht nicht an allen Körperstellen.

sein, dass der Hund zuvor noch nie im Leben gebürstet worden ist. Bürsten oder kämmen Sie ihn darum am Anfang lieber öfter, jedes Mal nur kurz. Sie wissen noch nicht, ob er sich überall am Körper berühren lässt und ob er es erträgt, wenn Sie sich über ihn beugen, ihn auf die Seite legen, an seinem Fell zupfen. Lässt er sich gerne streicheln, ist Bürsten nur noch der nächste Schritt. Tasten Sie sich allmählich voran. Versuchen Sie, ihn zu kämmen ohne zu ziepen. Zeigt er, dass er in einigen Bereichen des Körpers empfindlich ist, beruhigen Sie ihn und setzen an einer anderen Stelle an.

Unsere vorwiegend in auch im Winter warmen Räumen gehaltenen Hunde machen nicht nur zweimal im Jahr einen Haarwechsel durch. Viele Hunde, vor allem bei den Stockhaarigen fällt es auf, haaren fast das ganze Jahr hindurch mehr oder weniger. Wundern Sie sich also nicht darüber, dass ständig Hundehaare herumfliegen. Das können Sie auch durch regelmäßiges Bürsten und Auskämmen der losen Unterwolle nur teilweise verhindern.

Haben Sie einen Hund übernommen, der getrimmt oder geschoren werden muss, so wie Terrierrassen und -mischlinge oder Pudel, warten Sie damit noch eine Weile, sofern der Hund diese Prozedur nicht bereits kennt. Das Fell darf auch mal länger sein. Nur verfilzen sollte es nicht.

UNTER DIE DUSCHE ▶ Nur in Ausnahmefällen werden Hunde gebadet. Vielleicht haben Sie aber einen etwas verschmutzten Hund übernommen, vielleicht wälzt er sich auf einem Spaziergang im Dreck. Wenn es sich bei den Verschmutzungen nur um Waldbodenreste oder Ackererde handelt, genügt es, wenn Sie alles herausbürsten, sobald es getrocknet ist, oder den Hund mit einem Lappen abreiben. Wenn es allerdings die Duftnote frische Gülle, Aas oder Hinterlassenschaften von Tier oder Mensch hat, müssen Sie wohl zum Shampoo greifen. Für Hunde gibt es rückfettende Spezialshampoos, die Haut und Fellhaare nicht angreifen.

Bei einem ängstlichen, zumal bei einem großen Hund, versuchen Sie es zuerst immer mit der Handwäsche aus einem Eimer, bevor Sie ihn unter die Dusche oder sogar in die Wanne hieven. Sie könnten die Angst verstärken. Noch hat der Hund kein Vertrauen zu Ihnen.

PFOTEN, OHREN, GEBISS ▶ Kontrollieren Sie regelmäßig Pfoten und Krallen des Hundes. Normalerweise müssen Hundepfoten nicht behandelt

Regelmäßige Gebisskontrollen sind wichtig.

Ausgewogenes Futter gibt es für Hunde aller Art und Größe.

und Krallen nicht geschnitten werden. Sie müssen also die Pfoten nicht mit speziellen Ölen einreiben, und die Krallen bleiben kurz, wenn der Hund auch auf festerem Untergrund läuft. Die fünfte Kralle wächst kaum. Muss Sie einmal geschnitten werden, benutzen Sie eine Krallenzange und kürzen nur wenig. Dass Sie dem Hund gerade in der Anfangszeit nicht wehtun, ist wichtig. Lassen Sie die Krallen lieber etwas länger wachsen, wenn Sie unsicher sind, und lassen Sie sich das Krallenschneiden vom Tierarzt zeigen.

Vor allem an den Ohren sind Hunde manchmal empfindlich. Nur die Ohrmuschel wird mit einem weichen Tuch und warmem Wasser ausgewischt. Gegen starke Verschmutzung des Gehörgangs hilft eine Reinigungsflüssigkeit. Sie wird ins Ohr geträufelt und der Hund schüttelt sie wieder heraus.

Kommen Sie nicht auf die Idee, das Ohr mit einem Wattestäbchen zu säubern. Wird es schmerzhaft, können Hunde zuschnappen.

Zahnstein kommt nicht nur bei älteren Hunden vor. Vollständig entfernt werden kann er nur unter Narkose vom Tierarzt. Aber auch dann bildet er sich nach einiger Zeit wieder neu. Es ist auch nicht erwiesen, dass regelmäßiges Zähneputzen hilft. Dagegen scheint das Kauen von härteren Hundekuchen, Kaustreifen oder Kauknochen eine vorbeugende Maßnahme zur Gesunderhaltung des Hundegebisses zu sein.

▶ **Hundeernährung**

Welches Futter und wie viel Ihr Hund braucht, richtet sich nach seiner Größe, seinem Alter, seinen Aktivitäten und eventuellen chronischen Krankheiten. Hundefutter wird unter anderem für

ERNÄHRUNG 49

Welpen, Junghunde, Senioren, Leistungshunde, tragende Hündinnen, nierenkranke Hunde und übergewichtige Hunde angeboten. Vielleicht wollen Sie Ihren Hund selbst bekochen. Das ist nicht einfach, denn um auf die richtig dosierte Menge aller benötigten Nährstoffe zu kommen, bedarf es schon einiger Tüftelei und Rechnerei und vieler Kenntnisse.

Bei Fertigfutter, ob Trocken- oder Feuchtfutter, können Sie sicher sein, dass alle notwendigen Nährstoffe enthalten sind. Sie können auch Trocken- und Feuchtfutter mischen, Trockenfutter gleichbleibend als Grundlage, dazu das Feuchtfutter in wechselnden Geschmacksrichtungen immer nur als kleine Zugabe.

Wahrscheinlich werden Sie die für Ihren Hund passend zugeschnittene Menge nicht auf Anhieb finden. Sie hängt unter anderem von der Aktivität und vom Grundumsatz Ihres Hundes ab. Oft sind die Angaben auf Packungen und Dosen recht großzügig bemessen. Wird er zu dick, können Sie also seine Rippen nicht mehr fühlen, muss die tägliche Ration gekürzt werden. Dass der Hund nicht zu dick wird, ist nicht nur eine Frage des Aussehens. Bei schlanken Hunden werden auch die Gelenke nicht so stark beansprucht.

Bei einem hochwertigen Alleinfutter mit allen Bestandteilen braucht der Hund keine zusätzlichen Vitamine oder Mineralien.

FUTTERUMSTELLUNG ▶ Von dem Futter, das Ihr Hund bisher bekommen hat, haben Sie einige Portionen mitgenommen oder gekauft. Geben Sie ihm neues Futter nicht von einem Tag auf den anderen, sondern stellen Sie allmählich um. Das heißt, Sie mischen das bisherige Futter mit dem neuen Futter, wobei dessen Anteil täglich vergrößert wird, bis Sie ausschließlich das neue Futter geben.

Haben Sie einen stark abgemagerten Hund übernommen, geben Sie ihm nicht gleich Riesenportionen, damit er sich endlich satt fressen kann. Die Portionen werden nur allmählich, von Mahlzeit zu Mahlzeit größer, bis Sie bei der richtigen Menge angelangt sind.

Mäkelt Ihr Hund, verwöhnen Sie ihn nicht mit Leckerbissen, sonst erwartet er, dass es so etwas bei Ihnen ständig gibt. Hocken Sie sich auch nicht zu ihm und überreden ihn mit der Häppchen-für-Häppchen-Methode. Lassen Sie für ihn, genauso wie für einen Hund, der zunächst gar kein Futter nimmt, den gefüllten Napf eine Weile stehen, aber nicht länger als zwanzig Minuten. Lassen Sie ihn in dieser Zeit ganz in Ruhe. Vielleicht macht er sich erst dann darüber her, wenn alles still ist oder der Hunger siegt. In den

---

Grundbestandteile der Hundenahrung

Eiweiße Enthalten in Fleisch und Fisch, in Pflanzen (Soja), Milchprodukten wie Quark, Hüttenkäse, Joghurt.
Fette Enthalten in Fleisch, in pflanzlichen Ölen.
Kohlenhydrate Enthalten in Getreide (Reis, Weizen, Gerste), Nudeln; Hunde können die pflanzlichen Kohlenhydrate nur verwerten, wenn sie gekocht sind.
Ballaststoffe Enthalten in pflanzlicher Nahrung. Ballaststoffe werden wieder ausgeschieden, fördern aber die Verdauung.
Vitamine und Mineralstoffe Enthalten in allen vollwertigen Nahrungsmitteln bzw. wird vom Körper selbst produziert (Vitamin C).

Die Auswahl ist groß: Leckerchen für jeden Geschmack.

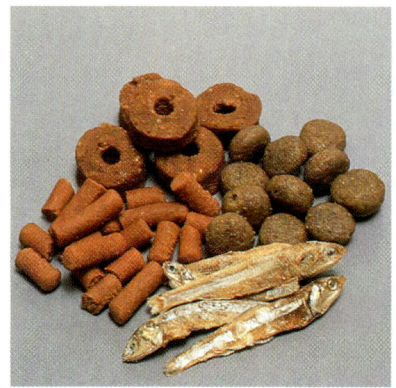

seltensten Fällen kann es passieren, dass ein Hund sich erst in der Nacht an seine Futterschüssel wagt. Das können Sie einmal testen, indem Sie am Abend Trockenfutter stehen lassen.

ZUSATZHÄPPCHEN UND LECKERCHEN ▶ Sie können zum Hundefutter ungewürzte Reste Ihrer Mahlzeiten geben, gekochtes Gemüse wie Kartoffeln, Mohrrüben oder Brokkoli. Manche Hunde knabbern sogar gerne rohe Möhren, einige mögen frisches Obst, etwa Äpfel. Das alles muss nicht sein, es muss aber auch nicht mitgerechnet und dann von der Futterration abgezogen werden. Anders ist das bei den Leckerli, die es so nebenbei bei der Erziehung und zur Belohnung geben soll. Sie enthalten Kalorien, und je nachdem, wie viele Sie davon über den Tag verteilen, kann da schon einiges zusammenkommen, denn Ihr Hund hat vermutlich in der nächsten Zeit viel zu lernen.

FÜTTERUNGSZEITEN ▶ Am besten ist es, wenn Sie den erwachsenen Hund morgens und nicht zu spät am Abend füttern. Gefüttert wird nicht gleich nach anstrengenden Aktivitäten. Vor allem muss der Hund aber nach dem Fressen ausruhen, und zwar mindestens eine Stunde, größere Hunde sogar zwei bis drei Stunden. Daran müssen sich auch Ihre Kinder halten, und wenn sie noch so gerne mit dem Hund toben möchten. Bewegt sich der Hund nach dem Fressen, besteht die Gefahr der Magendrehung. Das heißt, der relativ lose im Leib des Hundes aufgehängte Magen verlagert sich, es geht nichts mehr vor und nichts zurück. Der Magen bläht sich durch Gasbildung auf, drückt auf die Lunge und das Herz. Wird nicht sofort operiert, führt eine Magendrehung innerhalb weniger Stunden zum Tod.

Nach dem Fressen wird der Napf mit heißem Wasser, ohne Spülmittel, abgewaschen.

Frisches Wasser steht für den Hund immer erreichbar bereit. Eiskalt sollte

Das darf der Hund nicht fressen

- rohes Fleisch
- rohen Fisch oder Fischreste mit Gräten
- ausschließlich Fleisch
- gewürzte Essensreste
- verdorbenes Futter
- Schokolade und andere Süßigkeiten
- Zwiebeln, Knoblauch
- Knochen
- fettige Wurst
- Kohl
- Nüsse
- Milch
- rohes Eiklar
- Leber nur wenig

es nicht sein, wie auch das Futter nie unmittelbar aus dem Kühlschrank kommen sollte.

▸ **Der Umgangston**

EIN-WORT-SÄTZE ▸ So ganz nebenbei und situativ vermitteln Sie dem Hund ab sofort die Gebräuche, die bei Ihnen üblich sind. Und er lernt dabei seinen Grundwortschatz.

Vom ersten Tag an gilt: Alles, was der Hund richtig macht, alles, was Sie möchten, dass er tun soll, und alles, was Sie noch ausbauen können, wird von Ihnen mit Worten begleitet. Das heißt, nicht mit Worten, sondern mit einem Wort. Hunde sind wie kleine Kinder, ihnen genügen Ein-Wort-Sätze. So ist es dem Hund ziemlich egal, ob Sie ihn höflich fragen: »Würdest du jetzt bitte herkommen?«, oder einfach nur sagen: »Komm!«, denn er hört ohnehin nur das eine Wort oder nur diesen einen Klang heraus, »komm« oder »kommen«. Die Bedeutung kennt er nicht. Aber warum so kurz angebunden? Der Hund vernimmt den ganzen Tag so viel Gebrabbel des Menschen, dass es besser ist, wenn Worte, die ausdrücklich an ihn gerichtet werden, knapp und unmissverständlich sind. So heben sie sich aus dem ewig rieselnden Hintergrundgeräusch menschlichen Redens ab.

Sie stellen, wenn Sie den Hund so mit einigen der gängigen Begriffe ansprechen, auch gleich fest, welche er davon bereits kennt, was er beherrscht und befolgt. Mit einem regelrechten Training oder Erziehung soll das alles noch nichts zu tun haben.

VON »AUSGEHEN« BIS »PFOTEN«
▸ Drei unterschiedliche Bereiche lassen sich herausstellen, in denen der Hund durch die immer wiederkehrende Verknüpfung bestimmter Signale etwas lernen kann.

Erstens betreffen sie die Angebote, die Sie dem Hund machen, oder Unternehmungen, zu denen Sie ihn auffordern: Wollen Sie mit dem Hund einen Spaziergang machen, greifen Sie zur Leine, sagen »Ausgehen!« oder »Gassi« oder wie auch immer das Stichwort lauten soll, das Sie dafür wählen. Oder stellen Sie dem Hund den gefüllten Napf hin, heißt es »Futter« oder »Hunger«.

Zweitens gelten sie für Situationen, die quasi eine Art kommunikative Begleitung Ihrer Handlungen sind, zum Beispiel: Wollen Sie dem Hund das Halsband umlegen oder lösen, sagen Sie dazu »Halsband« oder wie in der Jägersprache »Abhalsen«. Wollen Sie nach dem Spaziergang seine Pfoten säubern, heben Sie sie an und sagen dazu »Pfoten«.

Der Tellington-T Touch beruhigt und hilft bei Verspannungen.

Und drittens können Sie so alltägliche Verhaltensweisen des Hundes aufgreifen, von denen Sie möchten, dass sie sich verfestigen: Schüttelt sich der Hund, wenn er nass ist oder nach dem Aufstehen, sagen Sie »Schütteln«. Steuert er seinen Liegeplatz an und will sich hinlegen, sagen Sie »Geh Platz« oder »Körbchen« (oder was es auch sein mag). Sie sagen also immer dann etwas, wenn der Hund ein Verhalten von sich aus zeigt. Auch das bei Kindern so beliebte Pfötchen-Geben oder die von manchen Hundehaltern so gern vorgeführten Tricks lassen sich dem Hund dadurch beibringen, wenn z. B. das Ausstrecken des Hundes nach dem Liegen immer mit dem Hörzeichen »Kompliment« verbunden wird.

Bei diesem Vorgehen ist es ganz wichtig, dass Sie das Stichwort bereits sagen, wenn der Hund nur den Ansatz zum entsprechenden Verhalten zeigt. Sie sehen es ihm ja schon vorher an, wenn er sich gleich schütteln oder hinlegen wird.

Das lässt sich mit bestimmten Erziehungsmethoden, etwa Clickertraining, natürlich noch ganz gezielt ausbauen. Es wird auf Seite 88 eingehender beschrieben.

VON »NEIN« BIS »FEIN« ▶ Auch die Worte »Nein!« und »Pfui!« führen Sie ein. Sie können damit Unterschiede machen: »Pfui« steht für alles, was absolut verboten ist, wie etwa Katzen jagen oder Dreck fressen. »Nein« für das, was jetzt sofort aufhören soll. Dazu sollte man dem Hund dann eine Alternative geben, etwa »Nein«, du sollst nicht hier herumstehen und betteln, aber du kannst auf deinen Platz gehen oder still unter dem Tisch liegen.

Das Gleiche gilt im positiven Sinne für Ihre Kommentare »Gut« oder »Fein« oder »Brav« oder welche Abstufungen Sie noch einführen möchten. Auch dazu folgen ab Seite 82 noch genauere Angaben.

OHNE WORTE ▶ Alles, was Hunde hören und mit einer deutlich daran angeknüpften positiven Erfahrung verbinden, prägt sich recht schnell ein. Auch wenn Sie eine graue Schnauze bei sich aufgenommen haben, werden Sie merken, dass Neues bald sitzt, wenn der Hund damit nur Angenehmes assoziiert.

Woran Sie sehr schnell merken, wie lernfähig jeder Hund jeden Alters ist: Führen Sie das »Betthupferl« ein. Geben Sie dem Hund regelmäßig nach dem letzten Spaziergang eine kleine Kaustange oder etwas Ähnliches, gut auch als Zahnputzersatz. Nach wieviel Tagen hat er begriffen, dass da vorm Schlafengehen noch etwas zu erwarten ist?

Das Betthupferl oder ein erster kleiner Happen am Morgen gehört mit zu den Ritualen, die Hunde am Anfang brauchen, um sich sicher zu fühlen.

Ein Ritual können Sie auch aus den ersten längeren Spaziergängen mit dem Hund machen, indem Sie sich zunächst im immer gleichen Umfeld bewegen. Sie müssen nicht jeden Tag denselben Weg einschlagen, aber gehen Sie doch so, dass die Gegend für den Hund stets wieder erkennbar ist. Variationen auf der Strecke können eingebaut werden, damit zeigen Sie dem Hund zugleich, dass Sie es sind, die den Lauf der Dinge und der Hundewelt bestimmen. Das schließt nicht aus, dass Sie auch in ganz anderen Gegenden spazieren gehen.

Zusammenleben im Alltag

Zusammenleben im Alltag

54 ▸ Probleme werden sichtbar	62 ▸	Bindung und Vertrauen
55 ▸ Die Rangordnung	62 ▸	Strafen?
61 ▸ Loben und Belohnen	65 ▸	Umwelterziehung

▸ **Probleme werden sichtbar**

So gut Sie sich auch vorbereitet, so gründlich Sie sich über den Hund informiert haben – wie er sich wirklich verhält in den vielen Situationen, die im Lauf der Zeit auf Sie zukommen, werden Sie nur nach und nach erfahren. Das erste Verlassen der Wohnung ohne Hund – und Sie werden erleben, ob Ihr Hund Trennungsängste hat. Die erste Begegnung mit Radfahrern oder Joggern – und Sie werden sehen, ob er dazu neigt, sie zu verfolgen. Das erste Gewitter – und es wird sich zeigen, ob er vor Donner Angst hat. Vielleicht werden Sie damit konfrontiert, dass Ihre im Haus so brave Hündin sich auf kleine schwarze Hündinnen stürzt oder dass Ihr kleiner Rüde nicht davor zurückschreckt, großen Rüden zu drohen.

Vielleicht läuft Ihr Hund wedelnd auf jeden fremden Menschen zu, wird im Auto zur Furie, zuckt zusammen, wenn Sie plötzlich den Arm heben, klemmt den Schwanz ein, wenn Sie mit einem Besen hantieren, oder knurrt, wenn Sie sich nach einem Gegenstand auf dem Boden bücken.

Wie die Schwierigkeiten auch im Einzelnen aussehen mögen, oft sind sie darauf zurückzuführen, dass dem Hund früher nicht eindeutig und mit klaren Signalen, jedenfalls nicht für ihn erkennbar, begegnet worden ist.

Da kann also Ihr Vorgänger viel falsch gemacht haben. Bei Ihnen muss der Hund jetzt umlernen. Fürs Umlernen wie fürs Lernen haben zwei grundsätzliche Methoden für den Hund in gleichem Maße Bedeutung. Die eine ist das positive Verstärken aller schon in den Ansätzen richtigen und von Ihnen gewünschten Verhaltensweisen des Hundes. Die andere ist das Einweisen des Hundes in die Rangordnung beim täglichen Zusammenleben.

Erst in bestimmten Situationen zeigt sich, ob der Hund unsicher ist.

▶ **Die Rangordnung**

Einen Hund antiautoritär erziehen zu wollen, entspricht nicht seiner Natur. Von einer »antidespotischen Erziehung« hat der Hundeforscher Eberhard Trumler gesprochen. Das heißt, der Hund wird nicht mit Gewalt und Lautstärke erzogen. Er soll ja nicht unterwürfig und kriecherisch werden und kuschen, wenn sich sein Mensch nur auf ihn zubewegt oder ihn ansieht. Aber er soll auch nicht zum Tyrannen seinen Menschen gegenüber werden.

▶ **TIPP**

Auch wenn Sie am Anfang richtig begeistert von Ihrem Hund sind und am liebsten den ganzen Tag mit ihm zusammen sein möchten, tanzen Sie nicht ständig um ihn herum. Gehen Sie eigenen Beschäftigungen nach, ohne dabei immer wieder zum Hund zu gehen. Sehen Sie ab und zu kurz nach ihm, aber gönnen Sie ihm und sich auch Ruhe voreinander.

KEINE AUSNAHMEN ▶ Neigt Ihr Hund zu Dominanzgebaren und ist bisher damit durchgekommen, kann gerade die Klärung, dass das jetzt bei Ihnen zu Hause anders abläuft, am Anfang dazu führen, dass sich ein problematisches Verhalten des Hundes zunächst noch verstärkt. Versuchen Sie trotzdem durchzuhalten, mit Gelassenheit und Geduld, die Sie sich selbst antrainieren, aber auch mit Konsequenz. Eine Umerziehung ist zu schaffen, wenn Sie weder verbissen und streng noch gleichgültig, sondern vielmehr locker und interessiert an die Aufgabe herangehen.

▶ **TIPP**

Verbieten Sie dem Hund etwas, bleiben Sie dabei und setzen es durch. Nehmen Sie nichts zurück, korrigieren Sie sich nicht selbst, brechen Sie nichts mit »Na, dann eben nicht« ab. Wenn es Ihnen von vornherein nicht so wichtig ist oder wenn Sie es sowieso nicht immer von ihm verlangen, dann lassen Sie es gleich kommentarlos durchgehen. Verlangen Sie nur das, was wirklich notwendig ist. Verbieten Sie lieber wenig, das aber konsequent.

Aber es ist garantiert so, dass sich nichts ändern und bessern wird, wenn der Hund in dieser Zeit nur einmal, nur als Ausnahme erfährt, dass Sie nachgeben, dass Sie eine Kleinigkeit dulden, weil er Ihnen gerade so Leid tut. Ein Beispiel: Der Hund bettelt am Tisch. Sie geben ihm etwas. Entweder das Betteln stört Sie nicht, dann leben Sie damit. Wenn Sie aber möchten, dass der Hund mit der Bettelei aufhört, dann geben Sie ihm nichts, nie, nie, nie. Jede widersprüchliche Erfahrung – und die Ausnahme ist ein Widerspruch – und jedes Missverständnis verstärken bei dem einen Hundetyp die Unsicherheit: Sie demonstrieren ihm nicht Ihre Stärke und damit Ihre Fähigkeit, das Rudel anzuführen. Sie lassen ihn im Stich. Er kann sich an jemanden wie Sie also nicht binden. Bei dem anderen Hundetyp verstärkt es die Dominanzansprüche, weil Ihr Verhalten aus der Sichtweise des Hundes als Schwäche ausgelegt wird. Das wird er ausnutzen, um die Grenzen in seinem Sinne zu verschieben und nun seinerseits Ihnen klarzumachen, was getan werden muss. Damit hat er aus Hundesicht völlig Recht. Wenn Sie Pech haben, meint Ihr Hund, Sie erziehen zu müssen. Das kann sogar so weit gehen, dass er nach Ihnen schnappt.

DOMINANZANSPRÜCHE DES HUNDES ▶ Was sind die Anzeichen für Dominanzansprüche des Hundes? Es gibt Hundebesitzer, die stolz sagen: Mein Hund lässt sich nichts gefallen. Oder: Bei uns ist der Hund der Boss! Andere drücken es gut gemeint so aus: Ich lese meinem Hund jeden Wunsch von den Augen ab. Damit haben sie auf die eine oder andere Weise das Problem auf den Punkt gebracht.

Die ganze Bandbreite dominanten Verhaltens tritt bei kaum einem Hund auf. Aber er kann von einer Position aus leicht weitere Bereiche erobern. Wenn Sie dem armen Hund, den Sie zu sich geholt haben und der früher nur im Zwinger auf Betonboden gehalten wurde, erlauben, auf dem Sofa zu sitzen, leiten Sie seine Karriere vielleicht schon ein. Natürlich muss unterschieden werden, ob es sich etwa um eine alte Hündin handelt oder um einen vitalen jungen Rüden. Die Tendenz zum Aufstieg haben beide, aber die Auswirkungen sehen anders aus. Es ist manchmal schon erschreckend, was sich Menschen von ihren Hunden gefallen lassen und was sie sich nicht mehr trauen zu tun, weil ihr Hund dasteht und droht.

Wo wird sichtbar, dass ein Hund versucht zu bestimmen und die Initiative zu ergreifen? Er ist es, der Sie auffordert, er erlaubt oder verbietet, er trifft selbst Entscheidungen. Das zeigt sich in erster Linie in diesen Situationen:

▶ Der Hund bedrängt Sie, er will ausgehen. Er schleppt sogar die Leine an.

▶ Der Hund fordert Sie mit eindeutigen Gesten oder mit dem Heranbringen eines Spielzeugs auf, mit ihm zu spielen.

▶ Der Hund zeigt Ihnen, dass er Hunger hat und jetzt sein Fressen bekommen will.

▶ Der Hund verteidigt Ihnen gegenüber sein Futter und droht knurrend oder Zähne fletschend.

▶ Der Hund schmeißt sich geradezu an Sie heran und will gestreichelt werden.

▶ Der Hund kümmert sich nicht um Ihre Befehle. Er setzt erst einmal sein begonnenes Verhalten fort.

▶ Der Hund kommt freundlich wedelnd an, legt seinen Kopf auf Ihre Oberschenkel oder stellt seine Pfoten auf Ihre Schultern.

▶ Der Hund drängelt sich vor Ihnen aus der Tür, an Engstellen vorbei oder die Treppe hinunter.

▶ Der Hund stellt sich Ihnen auf Spaziergängen immer wieder in den Weg, sogar quer.

▶ Der Hund setzt sich auf das Sofa oder erobert andere erhöhte Plätze, etwa auch das Bett.

▶ Der Hund bleibt stur mitten im Weg liegen, wenn Sie an ihm vorbeigehen wollen.

▶ Der Hund bedrängt Sie mit Bellen und hört erst auf, wenn Sie sich auf ihn einlassen.

▶ Der Hund schnappt sich Gegenstände aus Ihrem Besitz und rückt sie nicht wieder heraus.

VERSTECKTE FORDERUNGEN ▶ Dominantes Verhalten des Hundes ist selten in Reinkultur vorhanden. Wäre es so, könnte mit diesem Hund kein Mensch zusammenleben.

DOMINANZ

> **TIPP**
>
> *Lassen Sie nicht zu, dass Ihr Rüde überall das Bein hebt, an Hauswänden und städtischen Blumenkübeln und gepflegten Blumenrabatten. Ziehen Sie ihn jedes Mal weg und sagen »Nein«. Bevor Sie längere Spaziergänge durch die Stadt machen, geben Sie ihm – wie auch Ihrer Hündin – die Gelegenheit, sich zu lösen. Ein Rüde wird auch dann, wenn er nur noch tröpfelt, immer wieder zum Markieren ansetzen. Auch das sollten Sie an den besagten Stellen nicht erlauben.*

Nicht alles, was auf den ersten Blick danach aussieht, ist tatsächlich Dominanzverhalten. Es kommt auf das Gesamtverhalten an und muss ins Bild passen. Sie haben einen Hund, der immer neben Sie auf das Sofa springt? Der sich auch sonst immer dicht bei Ihnen hält? Dann könnte es sein, dass er sehr unsicher ist. Wir beide gegen den Rest der Welt, heißt das für ihn. Bei diesem Hund muss in erster Linie die Selbstsicherheit gefördert werden. Das funktioniert gerade nicht dadurch, dass Sie ihn bemitleiden und ihm ständig zur Seite stehen.

Oder Sie erleben, dass Ihre Hündin unter massiven Trennungsängsten leidet, sodass sie nie allein bleiben kann. Gleichwohl liegt sie wie eine Diva im Körbchen, sieht Sie mit diesem tiefen, gern unwiderstehlich genannten Hundeblick an und hebt dazu beschwörend die Pfote; sie will jetzt gestreichelt werden. Und Sie lassen sich darauf ein, vielmehr Sie fallen darauf herein.

Dabei gehen beide Verhaltensweisen Hand in Hand. Zwar ist es nicht so, dass sich die Ängste wie von selbst auflösen, wenn die Hündin mit Ihren Forderungen nach Streicheleinheiten bei Ihnen nicht mehr durchkommt. Aber

Hunde müssen jederzeit ihr Futter herausgeben, ohne zu drohen.

wenn Sie etwas gegen die Ängste tun wollen, müssen Sie auch auf der anderen Seite ansetzen, beim fordernden Verhalten.

Forderndes Verhalten des Hundes äußert sich also keineswegs immer penetrant und dreist. Es kann auch ganz süß sein und mit liebem Blick, mit wedeln, anschmeißen, mit schmeicheln, betteln, Kopf neigen und Pfötchen heben, mit so genannter Treuherzigkeit einhergehen. Übrigens sind nicht nur, aber oft gerade Mischlinge groß darin, mit ihrem charmanten Aussehen und Auftreten Erfolge zu verbuchen. Sie beherrschen durch lange Anwendung und erlebte Bestätigung die ganze Bandbreite an Tricks: Wie erziehe ich meinen Menschen? Dazu bedarf es keines Drohens und Knurrens. Am Ergebnis, wenn der Hund Sie herumkriegt, ändert das nichts.

DAS MACHT DEN ALPHA AUS ▶

Wenn Sie in der Rangordnung ganz oben stehen wollen, was sich bei Hunden empfiehlt, geht alles von Ihnen aus. Sie fordern den Hund auf, Sie verlangen etwas von ihm, Sie bestimmen, Sie ergreifen die Initiative, Sie starten die Aktivitäten.

Das funktioniert, indem Sie zunächst ignorieren, was der Hund von sich aus fordert, und indem Sie für sich vor den Augen des Hundes Privilegien in Anspruch nehmen.

Es ist gar nicht notwendig, Strenge oder Kälte zu beweisen oder sich im negativen Sinne autoritär zu gebärden. Sie können den Hund auf eine bestimmte, klare, sozusagen höfliche Weise ignorieren. Kommt er etwa kurz vor seiner gewohnten Fütterungszeit an, sagen Sie gar nichts oder ganz neutral »Jetzt nicht« oder schicken ihn zurück auf seinen Platz. Beenden Sie erst das, was Sie gerade tun. Nur zwei oder fünf Minuten später sind Sie es dann, der oder die den Hund heranruft, weil es Futter gibt.

Das betrachtet der Hund nicht als Zurückweisung oder als Liebesentzug, so etwas kennt er nicht. Dass ihm in der Rangordnung der untere Platz zugewiesen wird, macht ihm nichts aus. Denn Sie sind ja unbedingt für ihn da, er bekommt ja sein Futter, seine Spaziergänge, seine Spiele, er wird ja

In unterwürfige Haltung begibt sich nicht jeder Hund gleich.

gestreichelt. Sie geben ihm Ihre Souveränität und Sicherheit und damit Wohlbefinden. Der Hund möchte nichts lieber, als seinem Menschen anhängen. Vor allem dann, wenn Sie ein toller Partner für den Hund sind, wenn er mit Ihnen wirklich durch dick und dünn gehen kann, weil Sie den Weg und die Richtung weisen, in jeder Hinsicht. Durch Ihre Verlässlichkeit – nennen Sie es Liebe – wird auch der Hund zuverlässig. Einem zuverlässigen Hund kann viel größerer Freiraum zugestanden werden, weil man um ihn nicht besorgt sein muss.

Es zeugt von mangelndem Verständnis, vom Wesen oder von der Natur des Hundes anzunehmen, er ziehe die Nähe zu dem Menschen vor, der lieb und nachgiebig ist, der sich mit Leckerchen und Schmusereien einschmeichelt. Der Hund kommt dann zwar gern an, holt sich sein Teil ab, denn schließlich ist er ein Opportunist, aber auf eine Bindung deutet das Verhalten nicht hin.

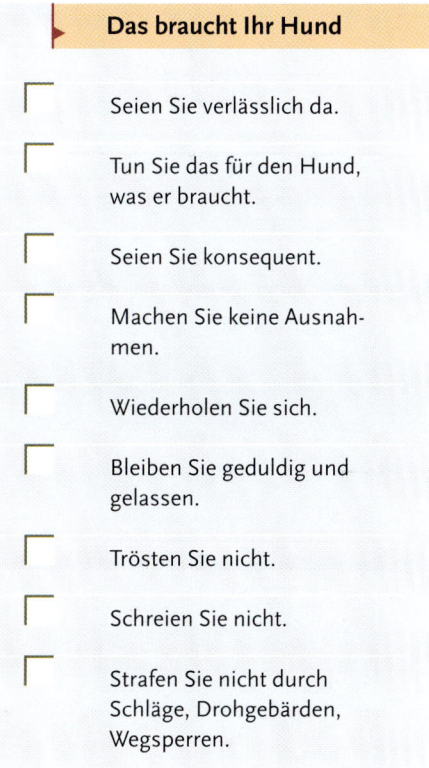

Das braucht Ihr Hund

- Seien Sie verlässlich da.
- Tun Sie das für den Hund, was er braucht.
- Seien Sie konsequent.
- Machen Sie keine Ausnahmen.
- Wiederholen Sie sich.
- Bleiben Sie geduldig und gelassen.
- Trösten Sie nicht.
- Schreien Sie nicht.
- Strafen Sie nicht durch Schläge, Drohgebärden, Wegsperren.

VERHALTEN DES MENSCHEN ▶ Bewahren Sie die Nerven und strahlen Sie Ruhe aus, wenn Sie Ihrem Hund etwas untersagen oder ihn korrigieren. Machen Sie das in aller Gelassenheit, kurz und schmerzlos, und vergessen Sie es dann sofort. Auf einen Hund ist man nicht wütend oder sauer, einem Hund ist man nicht böse, man schnauzt ihn nicht noch lange an oder grummelt beleidigt herum! Auch der Hund ist ja nicht nachtragend, so etwas kennt er nicht.

Wie sieht Ihr Verhalten im Einzelnen aus, wenn der Hund in den oben genannten Situationen von sich aus fordert?

Sie bestimmen, wann der Spaziergang gemacht wird. Kommt der Hund an, was meist recht genau kurz vor der Zeit passiert, in der der Spaziergang sowieso bevorsteht, erledigen Sie erst noch etwas, bis er sich wieder ruhig verhält. Dann sagen Sie das Zauberwort und greifen zu Halsband und Leine. Kommt er aber zu völlig abwegigen Zeiten, muss er eben leider länger warten. Es sei denn, es handelt sich um einen noch nicht ganz stubenreinen Hund oder es könnte dringlich sein, weil er Durchfall hat.

Spielzeug liegt nicht ständig in für den Hund erreichbarer Nähe herum. Sie verfügen über das Spielzeug, fordern zum Spielen auf und beenden das Spiel auch wieder. Verstauen Sie Spielzeug in einem Stoffbeutel, der irgendwo hängt.

Vom Hund, der Ihre Befehle ignoriert, wenden Sie sich mit einer Körperdrehung ab. In der Wohnung verlassen Sie den Raum. Draußen gehen Sie schnell weiter oder genau in die andere Richtung, ohne sich umzusehen.

Legt der Hund seinen Kopf so nett auf Ihr Knie oder stellt er die Pfoten auf Ihre Schultern, stehen Sie abrupt auf oder wenden sich ab. Sie schubsen aber nicht so, dass Sie Ihrem Hund wehtun, um ihm Ihre Überlegenheit zu zeigen.

Drängelt sich der Hund vor, ziehen Sie ihn an der Leine zurück. Versucht er notorisch, Engstellen vor Ihnen zu passieren, lassen Sie ihn – wenn er das kann – »Sitz« machen, gehen voraus und rufen ihn dann.

Stellt er sich Ihnen in den Weg, etwa in T-Stellung, gehen Sie weiter und schieben ihn zur Seite.

> ### Die Stimmung im Haus
>
> Stimmungen übertragen sich von Ihnen auf Ihren Hund. Darum ist es in vielen Situationen so wichtig, dass Sie Zuversicht ausstrahlen oder sich Ihre Freude anmerken lassen. Falsche Töne nimmt der Hund allerdings wahr, übertreiben Sie nicht.
> Umgekehrt aber gilt: Lassen Sie Ihre schlechte Laune nie am Hund aus. Und glauben Sie nicht, dass Sie ihn beeindrucken können, wenn Sie ihm zeigen, wie traurig oder enttäuscht Sie wegen seines Verhalten sind.

Liegt er auf dem Sofa, befehlen Sie ihm zu kommen. Ignoriert er den Befehl, siehe oben.

Bleibt der Hund im Weg liegen, wenn Sie vorbeigehen wollen, lassen Sie ihn aufstehen. Er kann sich an einer anderen Stelle wieder niederlassen.

Bellt er Sie an, springt bellend um Sie herum, schreien Sie ihn nicht an, versuchen Sie, nicht auf seine Wünsche einzugehen, um das Bellen zu stoppen.

An all das sollten Sie sich vor allem dann halten, wenn Sie wirklich einen Hund haben, der Ihnen gegenüber unbeeindruckt und dreist auftritt. Haben Sie einen liebenswürdigen Hund, der mal das eine oder andere Verhalten zeigt, ist es nicht notwendig, dass Sie sich stur daran halten und ihn jedes Mal barsch wegschicken. Das sind auch individuelle Entscheidungen, die Sie davon abhängig machen, wie weich und nachgiebig Ihr Hund ist. Die einen Hunde müssen nicht dominiert werden, weil sie von sich aus ein ganz freundliches, liebes Wesen haben. Die bringen es durch positive Verstärkung zu erstaunlichen Leistungen. Die anderen Hunde dagegen lassen sich nicht dominieren. Mit denen können Sie nur auf der Ebene von gegenseitigem Respekt arbeiten.

FUTTERRANGORDNUNG ▶ Bei wild lebenden Wölfen gibt es keine Rangordnung beim Fressen, solange nicht Mangel an Nahrung herrscht.
Das heißt, jeder Wolf im Rudel schnappt sich einen schnell erreichbaren Bissen und zieht sich damit zurück.

Beim Hund allerdings können Sie auf dem Weg über das Futter einiges erreichen. Das gehört dazu:

▶ Sie essen grundsätzlich zuerst. Der Hund hat zu warten.
▶ Sie geben dem Hund nie Futter vom Tisch oder in der Küche.
▶ Sie nehmen dem Hund zu jeder Zeit das Futter weg, auch besonders beliebte Leckerbissen.
▶ Einen Hund, der wütend sein Futter verteidigt, füttern Sie eine Weile nur aus der Hand. Das ist auch eine Möglichkeit, die Bindung zu verstärken.

TIPP

An die Regel, dass der Hund sein Fressen grundsätzlich erst dann bekommt, wenn Sie schon gegessen haben, müssen Sie sich bei einem Hund, der gar nicht auf die Idee kommt zu betteln oder dominant zu werden, nicht halten. Es kann vom Tagesablauf her viel günstiger sein, wenn er zuerst frisst, zum Beispiel auch dann, wenn Sie vorhaben, an einem Wochenende länger zu frühstücken und danach einen Ausflug zu machen. Dann kommt der Hund, während Sie am Frühstückstisch sitzen, schon eine Weile zu der nach dem Fressen notwendigen Ruhe, bevor es hinausgeht.

▶ Loben und Belohnen

Wichtiger als alle Demonstrationen Ihres Rangs, als körperliche Strafen oder als Lautstärke, was bei den empfindlichen Hundeohren ebenfalls als körperliche Strafe angesehen werden kann, ist Lob: Macht der Hund etwas richtig, zeigt er nur den Ansatz von erwünschtem Verhalten, reagieren Sie sofort. Sie können ruhig enthusiastisch werden, greifen Sie zu Leckerchen, loben Sie den Hund überschwänglich, spielen Sie ausgelassen eine kleine Runde, streicheln Sie ihn. Zeigen Sie auch hier mit ganzem Körpereinsatz, wie Sie sich freuen, ja, dass Sie geradezu beglückt sind.

Das ist die ganze Palette. Aber führen Sie dabei graduelle Abstufungen ein. Sie haben dann mehr Möglichkeiten zu unterscheiden. Nicht für alles, was der Hund tut, gibt es ein Riesenlob. Einiges ist einfach nur »brav«, anderes neutraler »gut«. An Ihrem Tonfall, nicht an der Wahl Ihrer Worte, erkennt der Hund, was wie gut war. Manches ist eben auch ein Leckerli wert oder sogar zwei, drei oder viele. Auch dabei können Sie abstufen, wenn Sie wissen, worauf Ihr Hund ganz besonders abfährt. Leckerchen werden ohnehin immer nur in Mini-Portionen gegeben. Es kommt auf die Geste an.

Auch ausgelassenes Spielen und Toben mit dem Hund kann Belohnung für ihn sein.

> **Belohnungen richtig einsetzen**
>
> Handfeste Belohnung in Form von Leckerli soll auch wirklich für den Hund erkennbar Belohnung bleiben. Leckerli werden also nur dann ausgegeben, wenn der Hund das gewünschte oder richtige Verhalten zeigt. Werden sie großzügig in wechselnden Situationen verteilt, etwa zum Trost, zur Beruhigung, als Bestechung, zum Einschmeicheln oder vorab, um den Hund erst zu einem Verhalten zu bringen, verlieren sie ihre Bedeutung.

▸ Bindung und Vertrauen

Für jedes eindeutige Einweisen des Hundes in die Rangordnung ist Voraussetzung, dass er zu Ihnen bereits eine Bindung hat und Ihnen vertrauen kann. Gerade bei dem Hund, den Sie aus unbekannten Verhältnissen übernommen haben, kann es unabsehbare Folgen haben, wenn er auch noch bestraft wird, weil er sich aus Unsicherheit oder fehlendem Vertrauen nicht richtig verhält. Verlangen Sie nicht zu viel von ihm. So wenig wie Sie an den falschen Stellen Rücksicht auf den armen Hund nehmen, dürfen Sie ihn überfordern.

Versteht er Sie überhaupt? Weiß er, was Sie von ihm wollen? Diese Frage bezieht sich zum einen auf den Hund, denn es ist möglich, dass er Sie gar nicht verstehen kann, weil von ihm in seinem früheren Leben irgendetwas so nie verlangt wurde wie jetzt von Ihnen. Zum anderen bezieht sie sich auf Sie: Sind Sie sicher, dass Sie sich mit den richtigen Worten oder Gesten, an den richtigen Stellen oder in den richtigen Situationen an Ihren Hund wenden?

Gerade am Anfang sollten Sie deshalb besonders geduldig sein. Sie werden alles öfter sagen müssen. Setzen Sie auch an, indem Sie unerwünschtes Verhalten verhindern, manchmal einfach durch Hindernisse, Absperrungen oder geschlossene Türen. Bei einem Hund aus zweiter Hand könnte eine Bestrafung, die falsch gesetzt wird, dazu führen, dass das gerade entstehende Vertrauen wieder zerstört wird.

> ▸ **TIPP**
>
> *Nach der Fellpflege legen Sie Ihren Hund auf den Rücken und spielen mit ihm, indem Sie ihn kitzeln oder seine Füße umfassen. Manche Hunde steigen gleich deutlich darauf ein, machen ein Spielgesicht und öffnen den Fang. Halten Sie Ihrem Hund, wenn er sich so verhält, die Hand vorsichtig ins Maul. Sie werden an der Art, wie er zubeißt, erkennen, wie stark seine Beißhemmung ist.*

▸ Strafen?

Was tun Sie, wenn sich der Hund nicht in Ihrem Sinne verhält? Wie korrigieren Sie ihn? Gibt es Strafen? Welcher Art sind die?

Bei Wölfen läuft vieles, was mit dem Rangordnungsverhältnis zu tun hat, auf der nichtsprachlichen Ebene ab. Halten Sie es ebenso. Hunde werden nicht geschlagen, weder mit der Hand noch mit einer Zeitung oder gar der Leine oder auf noch drastischere Art. Hunde werden nicht eingeschüchtert, ihnen wird keine Angst gemacht. Sie werden nicht im Nackenfell gepackt und geschüttelt, auch Welpen und junge Hunde nicht. Das sind Strafen, die nicht artgemäß sind. Der Hunde-Experte Günther Bloch weist darauf hin, dass im Wolfsrudel zum Beispiel Nackenschütteln nicht zu den Interaktionen bei Zurechtweisungen gehört.

Eine der schlimmsten Strafen für den Hund ist der für ihn deutlich erkennbare Abbruch des sozialen Kontakts. Das heißt, Sie wenden sich ab, drehen sich mit dem ganzen Körper von ihm weg. Sie zeigen dem Hund eindeutig und deutlich durch Ihre Körpersprache, dass Sie sein Verhalten missbilligen und ihn daher ignorieren. Später, wenn Sie den Hund auf Spaziergängen ohne Leine laufen lassen können, gehen Sie in diesen Fällen auf Ihrem Weg weiter, ohne sich noch nach ihm umzusehen.

Sie können unerwünschtes Verhalten des Hundes durch rechtzeitiges Ab- oder Umlenken verhindern. Auch hier gilt, dass das Verhalten noch im Vorfeld unterbunden wird, wenn dem Hund bereits die Absicht anzumerken ist. Ein durchstartender Hund ist aus Ihrem Einwirkungsbereich verschwunden und durch fast nichts mehr aufzuhalten.

Auch mit dem Zurufen des Hörzeichens »Nein« können Sie Fehlverhalten des Hundes stoppen.

> **Richtig korrigieren**
>
> Behalten Sie den Hund aufmerksam im Blick, ob Sie spazieren gehen oder zu Hause sind. Ob er nun richtiges oder falsches Verhalten zeigt – wichtig ist, Sie reagieren sofort, möglichst bereits dann, wenn dem Hund nur die Intention anzumerken ist, etwas zu tun, oder wenn er sich gerade auf den Weg macht. Es darf kein zeitlicher Zwischenraum entstehen, sondern der Hund muss sein Verhalten und Ihr Lob oder Ihre Korrektur oder eine anonyme Strafe miteinander verknüpfen können. Zwar gibt es unterschiedliche Ergebnisse und Auswertungen von Tests, ob der Hund auch später noch einen Bezug herstellen oder den Zusammenhang erkennen kann. Ganz klar erkennbar ist es aber für ihn, wenn sich die Folge auf sein Verhalten unmittelbar einstellt. Das ist umso schwieriger, je weiter sich der Hund vorgewagt oder entfernt hat. Ist seine Unternehmung bereits erfolgt, macht er schon wieder etwas anderes oder ist er nicht mehr erreichbar, kann er die Strafe nicht mehr mit dem in Verbindung bringen, was verboten sein sollte. Jetzt versteht er nicht mehr, was der Mensch eigentlich noch will.

Kleine aufmüpfige Hunde müssen deutlich zurechtgewiesen werden.

Es gibt Hunde, die – vor allem, wenn immer ruhig und leise mit ihnen gesprochen wird – ein plötzliches lautstärkeres Zurechtweisen sozusagen zur Besinnung bringt. Damit ist nicht gemeint, dass Sie gleich im Kommandoton brüllen. Aber Schärfe sollte in Ihrem Tonfall schon liegen.

Bleibt der Hund davon unbeeindruckt und soll sein Verhalten sofort verhindert oder soll ihm demonstriert werden, dass Sie das Sagen haben, wenden Sie den Über-Schnauzen-Griff an: Sie umfassen mit der Hand den Fang des Hundes und halten fest. Im akuten Fall packen Sie fester zu. Gilt es nur, ihm Ihre Position zu vermitteln, genügt das leichtere Umfassen des Fangs. So lässt es sich fast spielerisch auch bei der Fellpflege anwenden, wenn der Hund auf dem Rücken liegt. In dieser Lage halten Sie ihn eine Weile fest.

Beim Junghund wirkt auch, wenn Sie ihn mit den Händen zu beiden Seiten des Kopfes packen und ihm in die Augen starren.

In ganz hartnäckigen Fällen, wenn der Hund wirklich etwas total Übles, ihn und andere Gefährdendes tut, werfen Sie ihn auf die Seite. Das ist bei einem großen, schweren Hund nicht einfach, es muss schnell gehen und für den Hund so überraschend kommen, dass er gar nicht weiß, wie ihm geschieht.

Festhalten, Anstarren und ganz besonders Umwerfen sind allerdings Mittel, die bei ängstlichen Hunden nicht angewandt werden dürfen. Es schüchtert sie nur noch mehr ein. Und das Umwerfen ist nur das allerletzte Mittel, das grundsätzlich ganz selten zum Zuge kommen sollte, da es sich, wie alle massiveren Methoden, bei häufigem Gebrauch abnutzt und mit der Zeit an Wirksamkeit verliert.

> **Strafe aus heiterem Himmel**
>
> Besonders beeindruckend ist es für Hunde, wenn ihr Verhalten völlig überraschend etwas auslöst, das sie auf keinen Fall mit Ihnen in Verbindung bringen können. Kippt zum Beispiel eine Schüssel mit Wasser um, wenn der Hund mit den Vorderpfoten auf den Tisch tapst, oder rasselt klappernd eine mit Nägeln gefüllte Blechdose herab, wenn er sich einem verbotenen Ort nähert, sind das Erfahrungen, die sitzen. Sie können auch die Blechdose mit einer Schnur verbinden und im passenden Augenblick daran ziehen. Wichtig ist nur: Sie halten sich heraus. Werfen Sie Ihrem Hund zum Beispiel einen Gegenstand nach, darf er nicht merken, dass Sie der Urheber sind. Tun Sie alles, um unbeteiligt zu wirken.

> **TIPP**
>
> *Ist es zu spät für Sie, noch die Initiative zu ergreifen, weil der Hund sich schon zu weit vorgewagt hat und etwa bereits auf dem Weg zu Ihnen ist, obwohl er warten sollte, oder auf dem Sprung aus dem Auto, versuchen Sie ganz schnell, die Situation in Ihrem Sinne umzukehren. Erlauben Sie dem Hund das, was er gerade tut, ganz schnell mit einem »Dann komm her!« oder »Hopp«.*

UMWELT 65

Draußen im Schnee zu laufen, gehört mit zu den Umwelterfahrungen.

▶ **Umwelterziehung**

Um den Hund besser kennen zu lernen, gehen Sie hinaus mit ihm und führen ihn in die Welt. Durch seine Reaktionen erfahren Sie viel über ihn, seine Ängste, seine bisher gemachten Erfahrungen und seine Angewohnheiten. Vermeiden Sie unangenehme Situationen nicht, gehen Sie nichts aus dem Weg. Aber alles müssen Sie Ihrem Hund nun auch wieder nicht zumuten, gerade am Anfang nicht, etwa Jahrmärkte oder öffentliche Veranstaltungen, auf denen die Bässe dröhnen und Menschenmengen sich vorwärts schieben.

Erweitern Sie den Erfahrungsraum des Hundes so, wie Sie es auch mit einem Welpen tun würden: Nie zu viel auf einmal, immer nur kurz und immer nur eine Situation, keine Folge. Beenden Sie einen Ausflug unbedingt, wenn der Hund Angst zeigt, und schließen Sie sofort eine angenehme

▶ **Hundesinne**

Um den Hund kennen zu lernen, ihn zu verstehen und sein Verhalten richtig einzuordnen, muss man wissen:
▶ Der Geruchssinn des Hundes ist um ein Vielfaches besser ausgebildet als der des Menschen.
▶ Der Hund kann besser hören als der Mensch.
▶ Der Hund nimmt vor allem Bewegtes besser wahr als der Mensch.
▶ Der Hund sieht im Dämmerlicht besser als der Mensch.
▶ Der Hund erkennt viel genauer die Körpersprache des Menschen.
▶ Der Hund kennt den Menschen besser als der Mensch den Hund.
▶ Den Hund zeichnet hohe Anpassungsfähigkeit aus.

Ob in der Stadt oder auf dem Land – der Hund sollte überall seine Exkursionen machen.

Erfahrung an. Gerade am Anfang verknüpfen Sie die gemeinsamen Unternehmungen nur mit positiven Erfahrungen.

Bei richtig massiven Ängsten brechen Sie alles ab und zwingen den Hund auf keinen Fall zum Weitermachen. Dabei könnte ein Problemverhalten vorliegen, das sich nicht so einfach durch Gewöhnung auslöschen lässt.

Machen Sie sich auf den Weg, sollte der Hund natürlich nicht gerade kurz zuvor gefüttert worden sein. Er soll ausgeschlafen und aufnahmebereit, die Situation soll entspannt sein. Wollen Sie zum Beispiel in die Stadt gehen, führen Sie ihn unbedingt vorher zu (s)einem Löseplatz. Er wird selbstverständlich an die Leine genommen.

STADT ▶ Beginnen Sie in der Stadt mit einem Park und mit der Fußgängerzone. Wenn Sie merken, dass Ihr Hund gelassen bleibt, führen Sie ihn die nächsten Male an belebte Orte, wo Autos und Straßenbahnen fahren. Irgendwann gehen Sie auch in ein Kaufhaus, in einen Fahrstuhl, in ein Café, in den Bahnhof. Aber alles schön langsam und der Reihe nach. Diese Exkursionen sollten nicht jeden Tag unternommen werden, sondern dazwischen müssen Pausen liegen. Aber gehen Sie auch nicht zu selten. Machen sich beim Hund an irgendeiner Stelle Anzeichen von Unruhe, Angst, Stress

Auto fahren

Viele Hunde fahren ausgesprochen gern Auto und sehen interessiert hinaus. Aber einige müssen erst daran gewöhnt werden, und dann gibt es leider auch Hunde, denen beim Autofahren speiübel wird oder die stark speicheln. Die allmähliche Gewöhnung erfolgt am besten dadurch, dass der Hund zuerst nur eine Weile im stehenden Auto verbringt. Er wird dabei weder mit einem Hunde-Sicherheitsgurt angeschnallt noch in eine Box verfrachtet. Hat er das ein paarmal durchgehalten, wird das Auto gestartet, aber Sie fahren noch nicht, sondern bleiben im Leerlauf. Wenn er auch das ohne Schwierigkeiten einige Tage lang hinter sich gebracht hat, geht die Fahrt los. Fahren Sie am Anfang nur kurze Strecken und verknüpfen Sie jede Fahrt mit einem angenehmen Erlebnis, etwa einem tollen Spaziergang.

Gegen Erbrechen oder starkes Speicheln helfen homöopathische Mittel. Bevor Sie zu den leicht sedierenden Mitteln gegen Reisekrankheit greifen, sollten Sie es damit versuchen. Manchmal hilft zur Ablenkung auch ein Kauknochen.

bemerkbar, setzen Sie wieder dort an, wo er noch Ruhe bewahrt hat. Zeigen Sie nicht Ihr Unverständnis. Manche Hunde haben Angst vor Schaukeltieren, wie sie vor Geschäften aufgestellt sind. Zerren Sie den Hund dann nicht an der Leine an diesen oder an einen anderen Furcht erregenden Gegenstand heran, sondern lassen Sie ihn sich selbst vortasten und vorschnüffeln.

Testen Sie jetzt auch, wie sich Ihr Hund verhält, wenn Sie ihn vor einem Geschäft angeleint warten lassen. Behalten Sie ihn im Blick. Bellt er Ihnen nach? Was tut er, wenn ihn fremde Menschen ansprechen?

LAND ▶ Dann geht es hinaus ins Grüne. Aber auch hier gerade am Anfang nur mit Leine. Sie suchen die Begegnung mit Kühen auf der Weide, Pferden, Schafherden, mit Kaninchen im Stall, mit Hühnern, mit ratternden Traktoren, rumpelnden Anhängern und riesigen Mähdreschern.

Wie ist es im Wald: Springt Ihr Hund auf Baumstämme? Verfolgt er Eichhörnchen? Fängt er Mäuse? Um zu testen, wie er sich gegenüber Wild verhält, machen Sie lieber Trockenübungen: Gehen Sie in einen Zoo oder Wildpark.

Dabei werden Sie feststellen, wie Ihr Hund sich gebärdet, wenn das Damwild oder die Wildschweinrotte – zwar hinter Gittern, aber überwältigend wahrnehmbar für Hundenase und Hundeaugen – in erreichbare Nähe gerät.

FLUSS ▶ Bleibt noch: Wie benimmt sich Ihr Hund, wenn er Wasser sieht? Zeigt er Scheu? Springt er ins Nass? Aber bitte nicht im Winter! Gehen Sie im Sommer zusammen mit ihm schwimmen.

Wie ist das in anderer Umgebung, die für ihn vielleicht neu ist? Im Schnee zum Beispiel? Ist er dann neugierig und interessiert?

Ist der Hund wasserscheu? Wenn der Mensch mitmacht, wird alles einfacher.

MENSCHEN ▶ Hoffentlich haben Sie einen menschenfreundlichen Hund, der weder ängstlich noch aufdringlich ist.

Viele an sich freundliche Hunde zeigen sich jedoch irritiert, wenn sie auf Menschen treffen, die mit Gehhilfen unterwegs sind. Manche Menschen wissen das, reagieren mit Verständnis und lassen den Hund herankommen. Aber es ist bestimmt nicht angenehm, immer wieder von Hunden verbellt zu werden. Bleiben Sie mit Ihrem angeleinten Hund stehen, wenn Ihnen jemand mit Stock entgegenkommt, und beobachten Sie genau, ob er Anzeichen von Unruhe zeigt. Dabei kann er übrigens auch wedeln.

Ein anderes Übungsfeld sind Schulen. Was macht Ihr Hund, wenn tobende und schreiende Kinder in der Nähe sind? Auch hier lassen Sie ihn unbedingt an der Leine. Genauso, wenn Sie mit ihm dort spazieren gehen, wo viele Jogger unterwegs sind.

Anderen Hunden zu begegnen und das gemeinsame Spielen sind ganz wichtig.

Warten Sie ab, bevor Sie mit dem Hund in dichteres Menschengedränge gehen. Dazu sollte er unbedingt bereits alle Anzeichen einer Bindung zu Ihnen zeigen. Solange er an Ihrer Seite ruhig bleibt, ist es gut. Steigern Sie den Schwierigkeitsgrad allmählich. Passen Sie dabei immer auf, dass es nicht so eng wird, dass Ihr Hund auf die Pfoten oder auf die Rute getreten wird. Das kann so schmerzhaft sein, dass selbst der friedlichste Hund reflexartig herumfährt und schnappt.

HUNDEBEGEGNUNGEN ▶ Ihr Hund sollte, wenn er verträglich ist, jeden Tag andere Hunde treffen. Am Anfang sind Begegnungen mit etwa gleich großen Hunden besser, jedenfalls nicht sehr viel kleineren oder größeren. Solange Sie den Hund noch nicht sehr gut kennen, sind Begegnungen zwischen Rüden und Hündinnen sicherer. Lassen Sie Ihren Hund nicht einfach auf andere Hunde zurennen. Vielleicht gibt es auch einige Menschen und Hunde, mit denen Sie Spaziergänge machen können. Zur Gewohnheit sollte das nicht werden, gehen Sie auch immer wieder allein mit Ihrem Hund.

SPIELPLATZ ▶ Damit ist natürlich nicht gemeint, dass Sie Ihren Hund auf einen Kinderspielplatz führen. Sondern: Sie lassen ihn auf einem Spaziergang durch Röhren und über Stege laufen, auf Baumstämmen balancieren, lassen ihn springen oder Treppen hinaufgehen. Auch zu Hause oder im Garten können Sie einiges üben und dabei feststellen, wie beweglich, fit und mutig Ihr Hund ist. Voraussetzung für viele dieser Übungen ist, dass Ihr Hund gesund ist und keine Gelenkprobleme hat.

Grunderziehung und Umerziehung

Grunderziehung und Umerziehung

70	Nicht ohne Übung	82	»Nein«
71	Üben im Alltag	83	»Sitz«
71	Die Hörzeichen	84	»Platz«
73	Die Sichtzeichen	84	»Pfui«
74	Üben für Fortgeschrittene	84	»Aus«
75	So geht man vor	85	»Fuß«
75	Korrekturen	86	»Bleib«
76	Unterstützungen	86	»Warte«
77	Altes ersetzen	87	Hilfsmittel
77	»Komm«	88	Hundeschulen

▶ Nicht ohne Übung

Ihr Hund hat vielleicht bei seinem vorherigen Halter schon einiges gelernt oder ist sogar gut ausgebildet worden. Das wird allerdings eher selten vorkommen und auch, dass er genau das kann, was Ihnen wichtig ist. Das, was er kann, muss immer wiederholt werden, wenn der Hund es richtig beherrschen soll, das heißt, wenn es zu jeder Zeit abrufbar sein soll. Wenn der Hund tatsächlich gehorcht, können Sie sich beschränken auf täglich neues Abfragen. Gerade bei Hunden, die längere Zeit im Tierheim waren, muss wahrscheinlich vieles, was sie schon konnten, wieder aufgefrischt werden.

Vielleicht kann Ihr Hund auch nichts. Bei einem Hund, der nur halb gehorcht oder gar nicht, beginnen Sie ganz von vorn, so, als hätten Sie einen Welpen übernommen. Wie bei einem Welpen – das bedeutet auch, mit derselben Geduld und Freundlichkeit.

Überlegen Sie sich vorher gut: Was muss Ihr Hund unbedingt können? Worauf können Sie verzichten? Reicht Ihnen eine Minimalausbildung? Ist der Hund alt und soll nur noch wirklich Wesentliches können? Oder gerade im Gegenteil, soll er nur noch den einen oder anderen Trick lernen? Oder ist er sehr lieb und umgänglich gegenüber Menschen und Hunden und kann fast so bleiben, wie er ist? Sagen Sie: lieber wenig, aber das richtig? Wie auch immer der Fall liegt, Sie werden ums Üben wahrscheinlich nie ganz herumkommen. Zum einen gibt es ein paar notwendige Lektionen, die jeder Hund, ob er nun alt oder jung, lieb oder frech ist, können sollte, schon aus Gründen seiner eigenen Sicherheit. Zum anderen hält es einen Hund auch geistig fit, wenn von ihm etwas gefordert wird.

In diesem Buch können die Ausbildungs-Schritte zu den einzelnen Lektionen nur allgemein beschrieben werden. Für eine sorgfältig, konsequent und durchdacht aufgebaute Erziehung des Hundes ist die Lektüre eines ausführlichen Erziehungsbuches Voraussetzung.

> **TIPP**
> *Sie haben einen alten Hund? Auch bei ihm ist Erziehung und das Lernen von etwas ganz Neuem wichtig. Aber achten Sie darauf, ihn nicht zu überfordern. Bei alten Hunden wechselt die Tagesform. Sie haben Zeiten, in denen sie müder und schlapper als sonst sind, auch wenn keine Krankheit zugrunde liegt. Warten Sie, bis es dem Hund richtig gut geht und er wieder aufnahmefähig ist.*

ÜBEN IM ALLTAG ▶ Es geht nicht nur um gezielte Gehorsamsübungen. Sie können, wie im Kapitel »Die erste gemeinsame Zeit« (Seite 51) angeführt, von Anfang an jederzeit Übungen, die sich zufällig ergeben, in den Alltag mit dem Hund einflechten. Wenn der Hund sich gerade anschickt, auf seinen Liegeplatz zu gehen, steuert er also genau darauf zu, sagen Sie »Geh Platz« oder ein anderes Hörzeichen, dass Sie dafür haben. Setzt oder legt er sich hin, sagen Sie »Sitz« oder »Platz« und machen dazu gleich die entsprechenden Sichtzeichen. Sobald er sitzt oder liegt, bestätigen Sie sein Verhalten mit einem kurzen »Brav« und Wiederholung des Hörzeichens. Das sind Übungen, die situativ am Rande mitlaufen können. Irgendwann sind sie selbstverständlich geworden.

Auch alles, was der Hund schon kann, wird nicht nur in den Übungszeiten von ihm verlangt. Es sind ja Übungen für die Praxis, fürs Leben und nicht für die Schule gelernt. In etlichen Alltagssituationen ergeben sich Gelegenheiten, das Gelernte umzusetzen, etwa beim Warten an einer Ampel oder bei Begegnungen mit Menschen.

Sie können sehr gut mit dem ersten Üben in der Wohnung und im Garten beginnen. Wenn Sie selbst keinen Garten haben, fragen Sie Freunde mit einem rundum gesicherten Garten oder suchen Sie eingezäunte Areale auf, wie es sie in einigen Städten für Hunde gibt, und setzen Sie dort die Übungen fort. Beherrscht Ihr Hund die Hörzeichen im Haus oder im Garten, ist das schon ein guter Anfang, denn daran zeigt sich, dass er zumindest weiß, was Sie von ihm wollen und was gemeint ist. Aber das ist noch keine Garantie dafür und Sie können es nicht als Selbstverständlichkeit erwarten, dass er draußen genauso auf Sie hört.

Rechnen Sie bei Ihrem Hund mit Vergangenheit lieber mit einer langwierigen Ausbildungszeit und freuen Sie sich umso mehr, wenn Ihr Hund alles viel schneller begreift.

DIE HÖRZEICHEN ▶ Jedes Hörzeichen wird nur einmal und nicht zigmal nacheinander gegeben. Ihr Hund könnte sonst meinen, grundsätzlich erst nach dem dritten oder fünften Mal gelte der Ruf oder das Kommando ihm.

Es geht auf keinen Fall ohne »Komm« oder »Hier«, das ist das Wichtigste fürs Hundeleben. Auch das »Nein« ist unumgänglich. »Sitz« und »Platz« – oder wenigstens eins davon – sind in bestimmten Situationen notwendig, verbunden mit dem Hörzeichen »Bleib« sind sie schwieriger, aber das muss auch nicht sein. Ein »Pfui« kann unter Umständen lebensrettend

Grundregeln beim Üben

Zwölf Regeln für Sie
1. Üben Sie nie mit dem Hund, wenn Sie selbst schlecht gelaunt sind.
2. Üben Sie nie, wenn Sie eigentlich keine Lust haben.
3. Üben Sie nie weiter, wenn Sie wütend auf den Hund sind.
4. Üben Sie nie, um damit den Hund zu bestrafen.
5. Schreien Sie den Hund nicht an, wenn eine Übung nicht klappt.
6. Bleiben Sie beim Üben ruhig, gelassen, bestimmt, präzise.
7. Verwenden Sie immer dieselben Hörzeichen für die einzelnen Übungen.
8. Üben Sie immer nur kurz.
9. Halten Sie bei jeder einzelnen Übung immer denselben Ablauf ein.
10. Gehen Sie zunächst zum Üben an einen abgelegenen und ruhigen Ort. Übungen unter Ablenkung folgen erst später.
11. Bauen Sie bei den Übungen schöne Überraschungen und Abwechslung ein.
12. Wenn eine Sache partout nicht gelingt, überprüfen Sie, ob in Ihrem Rangordnungsverhältnis zu Hause etwas nicht stimmt.

werden, damit der Hund nicht alles frisst, was er draußen findet, ebenso das »Aus«, damit er wieder herausrückt, was er bereits ins Maul genommen hat.

»Warte« oder »Halt« müssen nicht unbedingt sein, wenn der Hund »Sitz« oder »Platz« auch auf größerer Entfernung beherrscht. Dass er manierlich »Bei Fuß« geht, ist für beide Seiten eine Erleichterung und kann vom Hund ebenfalls verlangt werden.

Das schönste Hörzeichen für den Hund ist eindeutig »Fein« oder »Brav« oder »Gut gemacht«.

Pfiffe können, gerade wenn der Hund sich weiter entfernt von Ihnen herumtreibt, die Hörzeichen ersetzen. Zum Beispiel ein Doppelpfiff für »Komm«, ein langgezogener Pfiff für »Platz«. Bei einer Hundepfeife, die Töne im Ultraschallbereich erzeugt, die nur der Hund noch wahrnimmt, haben Sie selbst keine Kontrolle, kaufen Sie also lieber eine mit ganz normalen Frequenzen.

Auch eine Reihe anderer Geräusche kann unterstützend, hervorhebend und bekräftigend wirken, zum Beispiel Händeklatschen oder Fingerschnipsen. Aus Tütenrascheln lernt der Hund bald zu schließen: Aha, jetzt gibt es Leckerchen!

Ein bewährtes akustisches Hilfsmittel bei der Erziehung ist der Clicker. (Siehe unter »Hilfsmittel«, Seite 88)

TIPP

Ab und zu flüstern Sie ein Hörzeichen nur oder sagen es ganz leise oder in einem ganz besonderen Tonfall. Das ist eine Möglichkeit, den Hund aufmerksam zu machen oder ihn zum Durchhalten anzuregen. Manchmal können oder müssen Sie vielleicht ein Hörzeichen auch schreien. Für einen allerletzten Warnruf in Richtung Hund können Sie ein nur ganz seltenen Notfällen vorbehaltenes Hörzeichen einsetzen, ein »Oi« oder »Hej«.

DIE SICHTZEICHEN ▶ Viele Hörzeichen lassen sich gleich mit Sichtzeichen verbinden, das sind bestimmte Handbewegungen. Bei »Komm« etwa klopfen Sie mit der Hand auf Ihren Oberschenkel. Bei »Sitz« heben Sie den Unterarm und die Hand mit ausgestrecktem Zeigefinger und bei »Platz« senken Sie die flache Hand waagerecht nach unten ab. Bei »Bleib« strecken Sie dem Hund die flache Hand senkrecht entgegen.

Grundregeln beim Üben

Fünfzehn Regeln für den Hund

1. Die Übungszeit wird mit Spielen oder Toben begonnen und mit Spielen auch wieder beendet. Danach hat der Hund Freizeit.
2. Üben Sie am Anfang nur kurz. Fünf bis zehn Minuten reichen. Wiederholen Sie später die Übungen noch einmal.
3. Alles, was der Hund bereits kann, wird mehrmals über den Tag verteilt – entsprechend der Situation oder auch ganz spontan – von ihm verlangt.
4. Finden Sie schnell heraus, was der Hund schon gut kann. Mit einer Übung, bei der er sicher ist und die immer klappt, wird die Übungszeit beendet. Nie mit einem Misserfolg aufhören.
5. Keine Routine! Orte und Zeiten bei den Übungen wechseln, ebenso Dauer und Reihenfolge.
6. Alle Übungen abwechseln, nie dieselbe zu oft nacheinander.
7. Aber auch kein zu rascher Wechsel zwischen den unterschiedlichen Übungen. Pausen einlegen.
8. Hat der Hund eine Übung richtig gemacht, wiederholen Sie sie nicht gleich anschließend noch einmal.
9. Hat der Hund eine Übung einmal richtig gemacht, die nächsten Male aber nicht mehr, versuchen Sie es nicht wieder und wieder.
10. Der Hund versteht eine Übung nicht? Versuchen Sie es mit einem anderen Ansatz oder auf einem anderen Weg.
11. Jede einzelne Übung wird mit einem Hörzeichen wieder aufgehoben. Nicht der Hund entscheidet, wann es genug ist. Notfalls zurückgehen und an der alten Stelle neu beginnen.
12. Üben Sie nie, wenn der Hund unkonzentriert ist oder abschaltet. Versuchen Sie nach einer Pause, den Hund neu zu motivieren.
13. Rufen Sie den Hund nicht zu einer Übung ab, wenn er gerade mit etwas beschäftigt ist, etwa wenn er spielt oder buddelt. Warten Sie, bis er so vor sich hinschlendert.
14. Die Übungszeit wird beendet, bevor der Hund die Lust verliert oder müde wird.
15. Füttern Sie, wenn Sie mit den Übungen beginnen, weniger und geben Sie Leckerchen, wenn eine Übung klappt. Satten Hunden fehlt die Motivation. Interessiert sich Ihr Hund nicht für Leckerchen, üben Sie, wenn er hungrig ist, aber nicht auf völlig nüchternen Magen.

Ausgelassen rennen und toben gehört zum gesunden Hundeleben.

Der eine Vorteil der Sichtzeichen ist, dass der Hund sie auch wahrnimmt, wenn er weiter entfernt von Ihnen ist und Ihre Stimmkraft nicht ausreicht. Der zweite Vorteil ist, dass ein im Alter taub gewordener Hund noch sieht, was Sie von ihm erwarten.

Ein Sichtzeichen, das der Hund ohne Ihr weiteres Zutun bestimmt bald erkennt, ist Ihr Griff in die Tasche mit den Leckerchen.

ÜBEN FÜR FORTGESCHRITTENE ▶

Darüber hinaus gibt es noch eine Reihe von Lektionen, die nur für Fortgeschrittene gedacht sind und erst dann folgen, wenn der Grundgehorsam sitzt. Sie sind nicht unbedingt notwendig, es sei denn, Sie wollen eine Begleithundeprüfung ablegen, und sie können sich bei lerneifrigen Hunden auch als sinnvolle Beschäftigung erweisen. Dazu gehören zum Beispiel »Sitz« aus dem Gehen oder »Platz« heraus, Wendungen, »Bei Fuß« mit ohne und Leine korrekt mitlaufen, Stehen, »Zurück« oder Ablegen (»Bleib«) unter Ablenkung. Die Übungen werden hier nicht beschrieben und auch zusammengesetzte Übungen nicht, die auf einem komplexen Verhalten beruhen, das sich aus mehreren Schritten zusammensetzt. Die lernt der Hund auch nur schrittweise. Sie müssen jede einzelne Phase für sich und nach und nach aufbauen. Erst wenn die eine sicher beherrscht wird, kann die andere angehängt werden.

Was Sie darüber hinaus noch mit Ihrem Hund unternehmen möchten, wird davon abhängen, wie erfolgreich die Grundausbildung abgeschlossen ist. Nur mit einem gut erzogenen Hund können Sie Agility machen oder eine Rettungshundeausbildung.

Wenn Sie das mögen, kann Ihr Hund natürlich auch Tricks und Spaßübungen lernen. Gerade ältere Hunde können damit auf Trab gehalten werden. Dazu gehört etwa das bekannte Pfötchengeben, aber auch Schwierigeres, wie sich im Liegen auf das Hörzeichen »Rolle« hin auf die andere Seite zu drehen, was sich bei der Fellpflege als praktisch erweist, sich auf die Frage »Müde?« mit den Pfoten die Augen zu reiben oder auf »Tot« gleich umzufallen. Es gibt Hunde, die beherrschen solche Tricks besser als alles andere, was ein Hinweis darauf ist, dass hier offenbar ihr Mensch mit mehr Spaß und Motivation an die Sache herangeht. Achten Sie darauf, welches Verhalten Ihr Hund schon im Ansatz von sich aus zeigt. Das können Sie dann – zum Beispiel auch mit Clickertraining – zu einem jederzeit abrufbaren Verhalten ausbauen.

▶ **So geht man vor**
Bedenken Sie bei allem, dass der Hund schon Erfahrungen gemacht hat, bevor er zu Ihnen kam, dass er vielleicht etwas ganz anderes oder nach anderer Methode gelernt hat. Er ist aber mit Sicherheit in der Lage, in der neuen Situation auch etwas Neues zu lernen, am erfolgreichsten durch neue Signale. Das geht nicht schnell, und es geht nur, wenn Sie geduldig und konsequent dabeibleiben. Es ist wichtig, dass Sie kleine Erfolge beim Lernen erkennen und anerkennen und von dieser Stelle aus zum Weiterlernen motivieren. Feinste Änderungen dürfen Sie bereits belohnen. Das Ganze ist eine Art Potenzierung: Hat der Hund Erfolg mit einem Verhalten, loben Sie ihn. Das Verhalten wird dadurch verstärkt, Sie loben den Hund noch mehr. Je mehr der Hund auf dem richtigen Wege ist, desto größer wird die Dynamik der Lernfortschritte.

Ihr Hund soll nichts weiter als gut erzogen werden, er soll nur das können, was Ihr Zusammenleben angenehm und leichter macht. Es geht nicht um Dressur oder Abrichtung oder gar Kadavergehorsam. Entsprechend ruhig ist bei der Erziehung immer und ohne Ausnahme der Umgangston.

Und Ihr Hund soll auch nicht ständig bevormundet werden und nichts mehr ohne Ihre Zurufe und Eingriffe tun dürfen. Er soll immer auch freie Zeit haben und tun dürfen, was ihm einfach Spaß macht: rennen, buddeln, spielen.

KORREKTUREN ▶ Korrigieren Sie Ihren Hund bei der Erziehung, gehen Sie anders vor als bei Korrekturen, wenn Ihr Hund etwas Unerwünschtes

▶ **Liebe oder Leckerchen?**

Immer wieder taucht diese Frage auf: Ist das nicht Bestechung? Bindet sich der Hund dadurch überhaupt an seinen Menschen? Kommt es ihm nicht viel mehr auf den Leckerbissen an? Natürlich kommt er wegen der Belohnung, das heißt, weil es sich für ihn lohnt, zu kommen – zu Ihnen zu kommen, weil Sie die Leckerchen ausgeben.

Immer sagen Sie zuerst »Fein«, und danach gibt es das Leckerchen. Das wird dem Hund erst gereicht, wenn er eine Übung bis zum Ende durchgeführt hat. Es wird ihm tatsächlich gereicht, aus der Hand, nicht einfach hingeworfen.

Grundsätzlich ist jedes Leckerchen nur ein kleines Häppchen. Dann können Leckerchen nämlich abgestuft ausgeteilt werden. Ebenso gibt es die unterschiedlichsten Leckerchen, denn einige schmecken dem Hund sicher ganz besonders gut, und die sind auch für besondere Leistungen vorgesehen.

Also gibt es, wenn er einen deutlichen Fortschritt macht, eine Übung sehr schnell und sicher ausführt oder ein Lernschub zu erkennen ist, gleich den ganzen Jackpot. Aber auf keinen Fall alles auf einen Schlag, das ist für den Hund nämlich nur ein Happs, sondern Stückchen für Stückchen einzeln nacheinander. So etwas ist unvergesslich.

Wenn der Hund etwas, was er bereits kann, nicht ausführt oder wenn er zu lange zögert, gibt es eben kein Leckerchen. Pech gehabt.

Wird die Konditionierung auf Leckerchen jemals wieder abgebaut? Dazu müssen Sie, wie bei einem Medikament, ausschleichen. Das heißt, Sie geben immer seltener Leckerchen, manchmal gar keins, dann wieder eins oder sogar wieder mehrere, wenn der Hund eine Sache besonders gut gemacht hat. Ein Verhalten, das der Hund gelernt hat, verselbstständigt sich irgendwann und kommt dann auf das entsprechende Hörzeichen hin.

Sie können Ihren Hund auch mal begeistert heftig durchknuddeln, wenn er etwas ganz prima gemacht hat.

oder ihn Gefährdendes tut. Sie korrigieren den lernenden Hund nie ungehalten oder ungeduldig. Und solange Sie in der Übungsphase sind und der Hund die einzelnen Übungen noch nicht sicher kann, ist der Abbruch erlaubt. Es bringt nichts, es mit einer Übung wieder und wieder zu versuchen. Vielleicht weiß der Hund gar nicht, was Sie von ihm verlangen. Entweder hat er es noch nicht verstanden oder er ist unkonzentriert oder Sie haben es nicht präzise genug vermittelt. Auch wenn er eine Übung einmal richtig ausgeführt hat, besagt das noch nichts. Also treiben Sie ihn nicht an mit der Begründung: Du hast es doch vorhin richtig gemacht! Das kann Zufall gewesen sein.

> **TIPP**
> *Neuer Versuch: Wenn Sie Ihren Hund mit »Falsch« oder »So nicht« korrigiert haben, wiederholen Sie die Übung nicht sofort. Warten Sie zunächst etwa zehn Sekunden lang, tun Sie gar nichts in dieser Zeit und lassen Sie den Hund in Ruhe. Dann versuchen Sie es ein zweites Mal. Klappt es wieder und wieder nicht, treiben Sie es nicht lange so weiter. Beim dritten Versuch überprüfen Sie, ob Ihre Methode richtig ist – für Ihren Hund.*

> **Fehler und Irrtümer**
> 1. Weil der Hund Fortschritte beim Lernen zeigt, verwöhnen Sie ihn anschließend, als falsch gesetzte Belohnung: Du hast das so fein gemacht, darum darfst du jetzt auch aufs Sofa.
> 2. Wenn er kaum Fortschritte macht, zeigen Sie dem Hund, dass Sie enttäuscht von ihm sind, und verlieren das Interesse an ihm.
> 3. Sie erwarten, dass der Hund, der lieb behandelt und verwöhnt wird und mit dem Sie viel schmusen, aus einer Art Dankbarkeit heraus gehorcht.
> 4. Sie möchten Ihrem Hund, der Ihnen so Leid tut, weil er in seinem früheren Leben schlecht behandelt wurde, jetzt nichts abverlangen.
> 5. Ihrem Hund, der eindeutig etwas falsch macht, was er eigentlich kann, erklären Sie entschuldigend und wortreich, warum Sie nun etwas von ihm fordern.

Wenn Sie aber ganz sicher sind, dass der Hund sehr wohl begriffen hat, was er tun soll, ist der Abbruch nicht mehr erlaubt. Dann setzen Sie durch, dass eine begonnene Übung zu Ende gebracht wird. Oder beginnen Sie sie gar nicht erst.

UNTERSTÜTZUNGEN ▶ Es ist bei allen Übungen besser, den Hund nicht durch Manipulationen Ihrerseits, also weder durch Druck noch durch Ziehen noch durch Handauflegen zum gewünschten Verhalten zu bringen. Bei einigen Übungen werden Sie nicht umhin kommen, den Hund sozusagen anzustupsen, in die Richtung zu lenken. Aber sinnvoller ist es, wenn Sie den Moment abwarten, in dem er gefordertes Verhalten zeigt, und sofort bei seiner entsprechenden Bewegung das Hörzeichen geben.

Es kann für einige Übungen gut sein, wenn Sie eine zweite Person um Hilfe bitten. Das sollte niemand aus dem bekannten Menschenrudel sein. Eine Freundin oder ein Freund könnten eingreifen und assistieren.

ALTES ERSETZEN ▶ Meist ist es einfacher, gänzlich fehlenden Grundgehorsam vollständig neu durch Verstärkung einzuüben als altes Verhalten und vor allem – oft in vielen Jahren – eingeschliffene schlechte Angewohnheiten zu ersetzen. Wenn altes, falsches Verhalten ausgelöscht werden soll, muss es konsequent ignoriert werden. Da werden bei dem Hund aus zweiter Hand oft Fehler gemacht, indem ihm doch auf die eine oder andere Weise Aufmerksamkeit geschenkt wird. Das geschieht meist gar nicht bewusst.

Was tun Sie, wenn der Hund hartnäckig bei einem falschen Verhalten bleibt? Zuerst überprüfen Sie kritisch Ihr eigenes Verhalten dem Hund gegenüber, ob Sie ihn nicht in diesem Verhalten immer wieder bestätigen, eben durch Aufmerksamkeit, Zuwenden oder sogar Belohnen an der falschen Stelle. Sind Sie völlig sicher, dass es nicht an Ihnen liegen kann, werden Sie in diesen Fällen nicht umhin kommen, das falsche Verhalten des Hundes zu untersagen oder durch handfestes Eingreifen zu unterbinden.

Aber viel wichtiger ist es, dass das neue, richtige Verhalten sofort und nachdrücklich belohnt wird. So nachdrücklich, dass es wirklich Eindruck beim Hund hinterlässt. Es ist kaum vorstellbar, dass Belohnen eines Verhaltens an der richtigen Stelle nicht zum Erfolg führt und damit auf Dauer zu einer Änderung.

Beim »Komm« bleibt der Mensch stehen und wartet auf den Hund.

▶ **»Komm«**
Es ist das wichtigste Hörzeichen. Und es kann das schwierigste sein bei dem Hund, den Sie aus zweiter Hand übernommen haben. Vielleicht haben Sie ja einen Hund, bei dem Sie sicher sein können, aber solange Sie nicht wissen, ob er überhaupt darauf hört und tatsächlich herankommt, können Sie ihn im Grunde nicht von der Leine lassen. Andererseits ist es dem Hund nicht zuzumuten, immer nur in einem ihm nicht gemäßen Schritttempo neben Ihnen herzuzockeln. Üben Sie das »Komm« von Anfang an in der Wohnung. Rufen und pfeifen Sie Ihren Hund zum Beispiel jedes Mal heran, wenn es Futter gibt und auch bei allen möglichen anderen für ihn erfreulichen Gelegenheiten. Auch in einem Garten oder eingezäunten Gebiet sollten Sie ausgiebig üben, bevor Sie Ihren Hund auf die Welt loslassen. Das »Komm« klingt nicht wie ein drohendes »Willst du jetzt wohl kommen!«,

sondern eher wie ein aufmunterndes »Na, dann komm«.

Rufen Sie immer nur einmal. Rufen Sie den Hund nicht mit seinem Namen, sondern deutlich mit »Komm«. Wenn Sie allerdings zwei Hunde haben, können Sie bei allen Hörzeichen den Hundenamen voranstellen.

KOMMEN BESTÄTIGEN ▶ Rufen Sie den Hund heran oder rufen Sie ihm »Komm« zu, wenn er sich zufällig auf Sie zubewegt. Sagen Sie das »Komm« nicht erst dann, wenn er bereits bei Ihnen ist, sondern wenn er sich auf dem Weg zu Ihnen befindet. Bestätigen Sie ihn, während er auf Sie zuläuft, mit »Ja, fein! Komm!« und klopfen dabei mit der Hand auf Ihren Oberschenkel. Sie bestärken ihn noch, wenn Sie dazu in die Knie gehen. Aber beugen Sie sich nicht mit dem Oberkörper vor.

Wenn der Hund auf Ihren Ruf hin angelaufen kommt und bei Ihnen bleibt, gibt es ein Riesenlob und Leckerchen. Er muss erfahren, dass es sich lohnt, zu Ihnen zu kommen.

Danach entlassen Sie ihn mit einem »Lauf« oder »Los« wieder.

BEI NICHTKOMMEN ▶ Zögert er, trödelt er, bleibt er stehen, schnuppert hier und da oder, bei Rüden nicht ungewöhnlich, hebt erst noch das Bein, bricht er das Kommen ab, wendet sich unterwegs einer anderen Sache zu oder macht er, kaum angekommen, gleich eine Kehrtwendung und haut wieder ab, führen Sie, solange er noch lernt, Abstufungen ein. Für verzögertes Kommen hört er nur ein »Gut«, für sofortiges Kommen gibt es ein »Fein« und Leckerchen. Erst später können Sie erwarten, dass der Hund gleich kommt.

Tut er das nicht, gibt es auch keinen Grund, »Fein« zu sagen. Sie drehen sich dann um und gehen in die andere Richtung. Nach einer kurzen Pause rufen Sie den Hund wieder heran.

Haben Sie einen Hund, der sich überhaupt nicht um Ihr Rufen kümmert, der durch kein Leckerchen heranzulocken ist, sondern weiterhin eigenen Interessen nachgeht, sollten Sie Schleppleinentraining machen. Bevor er nicht zuverlässig herankommt, darf er nicht frei laufen. Es sei denn, Sie wollen riskieren, dass sich Ihr Hund davonmacht. Es gibt gar nicht so wenige Hundebesitzer, die fünf Minuten und länger irgendwo in der Gegend herumstehen und ihr »Komm« ins Leere rufen, während der Hund verschwunden ist. Fast immer lässt er sich nach geraumer Zeit wieder blicken, und das ist für beide Seiten offenbar zu einer Selbstverständlichkeit geworden.

KOMM UND FREILAUF ▶ Aber irgendwann müssen Sie den Mut aufbringen und den Hund draußen von der Leine lassen. Suchen Sie dafür eine Gegend aus, in der es möglichst kein oder wenig Wild gibt, keine verkehrsreichen Straßen in der Nähe sind und wo Sie einigermaßen ungestört sind. Achten Sie darauf, dass sich der Hund von Anfang an nicht zu weit von Ihnen entfernt. Jeder Hund hat seinen individuellen Einwirkungsbereich, einige können weit vorlaufen und kommen doch zuverlässig zurück, andere entfernen sich nur fünf Meter und sind schon nicht mehr durch gute Worte erreichbar. Bei Ihrem Hund kennen Sie den Einwirkungsbereich noch nicht. Der Ihnen in vieler Hinsicht noch unbekannte Hund sollte darum auch gar nicht erst vom Weg abkommen. Rennt er ins Gebüsch oder überspringt Gräben, rufen Sie ihm »Raus da« zu.

Und wenn er nicht kommt?

Mein Rüde Bell zum Beispiel, ein Altdeutscher Hütehund, den ich übernommen habe, als er bereits elf Jahre alt war, lässt sich in Haus und Garten sicher abrufen. Er kommt freudig wedelnd. Aber draußen kann ich mich auch nach einem Jahr nicht auf ihn verlassen, nicht durch Heranlocken mit Leckerchen, nicht nach Training mit Wurfkette und Konditionierung auf Disc (siehe unter »Hilfsmittel«, Seite 87). Er läuft selten ohne Schleppleine. Hinter ihm lag – abgesehen davon, dass er morgens und abends Kühe auf die Weide treiben musste – ein ziemlich freies Leben auf einem Bauernhof. Er hatte einen Großteil des Tages selbstständig entschieden, was er tun wollte, und mit Erfolg gejagt. Bei einem alten Hund ist weder Master Plus noch ein Stromreizgerät angebracht. Bei Bell ist fraglich, ob er je lernt zu kommen – und je ohne Leine gehen darf.

Das kann also auch passieren.

ÜBEN MIT DER SCHLEPPLEINE ▶

Können Sie Ihren Hund nicht frei laufen lassen, üben Sie mit Schleppleine. Wenn Sie trainieren, müssen Sie sich auf eine längere Zeit einstellen. Die Lei-

▶ Wie lernen Hunde?

Moderne Hundeerziehung bedeutet, dass die Ausbildung des Hundes auf eine lernbiologische Basis gestellt wird. Es gibt ausgezeichnete und wirkungsvolle neue Methoden, einen Hund zu erziehen. Ihre Grundlage ist die durchdachte Kommunikation mit dem Hund.

Sicher lernen Hunde auch durch Vermeidungs- oder Meideverhalten, das heißt, durch Vermeiden von Schmerz oder Angst. Es gibt immer noch Ausbildungsmethoden, die darauf beruhen. Aber jeder Zwang, jede Drohung, jede Strafe verzögern und erschweren Lernen zumindest, weil dabei Stresshormone ausgeschüttet werden, die die Lernvorgänge blockieren. Hunden ist oft anzusehen, auf welche Weise sie etwas gelernt haben. Sie wirken geduckt und ängstlich, wenn es nur unter Zwang geschehen ist.

Ein fröhlicher Hund lernt leichter. Was ihm Spaß macht, was belohnt wird, was für ihn attraktiv und erfolgreich ist, motiviert ihn, es immer wieder richtig zu machen. Die positive Verstärkung führt dazu, dass der Hund mit Eifer dabei ist. Auch Hunde, die auf diese Weise gelernt haben, bringen den nötigen Ernst bei den Übungen auf. Aber ihnen ist anzusehen, dass sie das gern tun.

Hunde lernen allerdings auch etwas, was sie nicht sollen, durch falsch gesetztes Lob und Belohnung ebenso wie durch Korrektur oder Strafe an der falschen Stelle. Soll der Hund nicht am Teppich kauen, und Sie rufen ihn ab und geben ihm ein Leckerchen, haben Sie ihn bestärkt: Aha, für Teppichkauen gibt es Leckerchen.

Bedenken Sie, dass nicht jeder Hund gleich ist, dass es Hunde gibt, die langsamer lernen. Einem Hund mit Vergangenheit kann auch jede Freude am Lernen ausgetrieben worden sein. Es ist dann sehr viel Einsatz und eigene Freude erforderlich, um seine Freude wieder zu wecken. Auch mit Rückschritten beim Lernen müssen Sie rechnen und vielleicht haben Sie sie sogar – durch einmaliges inkonsequentes Verhalten, das reicht schon – selbst verursacht.

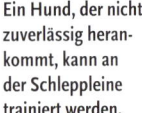

Ein Hund, der nicht zuverlässig herankommt, kann an der Schleppleine trainiert werden.

ne kann für den Anfang durchaus zehn Meter lang sein, jedenfalls über fünf Meter. Sie halten sie zunächst aufgerollt in der Hand und lassen dem Hund beim Vorlaufen immer mehr Freiraum. Bevor er die ganze Länge der Leine ausnutzt, bevor Sie sich straff zieht, wechseln Sie die Richtung und rufen ihm »Komm!« zu, ohne sich umzudrehen. Am Nachgeben der Leine spüren Sie, ob der Hund Ihnen folgt. Dann drehen Sie sich um, rufen ihm erfreut »Ja, fein! Komm!« entgegen und loben und belohnen ihn, sobald er bei Ihnen ist. Wechseln Sie beim Training mit der Schleppleine immer wieder die Richtung, gehen Sie Wege kreuz und quer.

An der Schleppleine und zusammen mit einer Hilfsperson können Sie testen, ob Ihr Hund dazu neigt, Jogger oder Radfahrer zu verfolgen. Bitten Sie die Hilfsperson, auf dem Fahrrad oder laufend auf Sie zuzukommen. Bleiben Sie mit dem Hund an der aufgerollten Schleppleine in einer Entfernung stehen, in der er Ihren Helfer oder Ihre Helferin knapp nicht erreichen kann. Sobald der Hund Anstalten macht, auf ihn oder sie zuzurennen, drehen Sie sich um und gehen in die andere Richtung. Der Hund muss diese Richtungswechsel mitmachen.

Bei einem konsequenten Training mit Schleppleine dürfen Sie den Hund nie zwischendurch ohne Schleppleine laufen lassen. Sollte er ohne Leine laufen und dabei die Erfahrung machen, dass er frei ist und nicht herankommen muss, ist das für ihn wieder eine schöne Bestätigung und für Sie bedeutet es, dass Sie von neuem mit dem Training beginnen können.

ÜBEN MIT DER WURFKETTE ▶ Die Wurfkette kommt zum Einsatz, wenn der Hund nicht zu weit von Ihnen entfernt ist, denn Sie müssen so sicher werfen, dass Sie den Hund nur am Hinterteil treffen oder die Kette neben ihm auf den Boden fällt. Achten Sie darauf, dass er nicht bemerkt, dass Sie das sind, die oder der da mit der Kette wirft. Er wird erschrecken und nach einer Verzögerungssekunde auf Sie zulaufen. Das ist wieder ein »Ja, fein! Komm!« und sogar ein Leckerchen wert. Nach einigen Malen genügt es wahrscheinlich, wenn Sie nur noch mit der Kette rasseln, und er wird sich schleunigst zu Ihnen in Bewegung setzen.

So ist der Ablauf: Sie rufen »Komm« und der Hund kommt nicht. Sie rasseln oder werfen die Kette. Der Hund erschrickt. Jetzt rufen Sie noch einmal. Der Hund kommt nun hoffentlich. Dann loben Sie ihn.

BEI STREUNERN ▶ Sie haben Ihren Hund laufen lassen, und er ist verschwunden und taucht auf Ihre Rufe hin nicht auf. Was tun? Bleiben Sie dort stehen, wo er zuletzt gewesen ist. Wenn er nach einer Weile doch zurückkommt, müssen Sie sich trotz Ihrer Wut zusammenreißen. Schimpfen Sie nicht. Was wollen Sie denn, könnte er sich fragen, er ist doch wieder da. Gelobt wird der Hund in dieser Situation allerdings auch nicht. Nehmen Sie ihn kommentarlos an die Leine. Wichtig ist, dass er dabei nicht die geringste Zuwendung erhält. Es fehlte noch, dass Sie Ihrem Hund jetzt etwa erklären, warum Sie ihn anleinen. Einen Hund, der sich aus Ihrer Sicht begibt, können Sie noch nicht frei laufen lassen.

Sollte er davonrennen, machen Sie nicht den Fehler und rennen hinter ihm her, womöglich laut rufend. Das wird zu einem spannenden Spiel für ihn, abgesehen davon, dass Sie ihn sowieso nicht erwischen, denn er ist allemal schneller als Sie. Sie feuern ihn sogar noch an, wenn Sie ihn auf diese Weise verfolgen. Laufen Sie lieber in die andere Richtung und rufen ihn währenddessen.

TRICKS UND REGELN ▶ Wenn Ihr Hund sich zwar noch in Sicht- und Hörweite von Ihnen aufhält, aber gerade etwas Besseres zu tun hat als heranzukommen, lassen Sie sich etwas einfallen. Tun Sie nach dem Rufen so, als hätten Sie etwas irrsinnig Interessantes entdeckt. Auf diesen speziellen Tonfall: »Was ist das denn hier?«, fallen Hunde oft herein.

Oder rennen Sie in dieser Situation mit heftig trampelnden Schritten weg und pfeifen Sie dabei. Verstecken Sie sich. Es gibt mehrere Möglichkeiten. Sind Sie mit einer Hilfsperson unterwegs, hält sie den Hund fest. Sie gehen oder laufen davon und verschwinden, etwa in einer Kurve oder hinter einem Baum, aus dem Blickfeld des Hundes. In dieser Situation lassen sich die meisten Hunde schon schwer zurückhalten und wollen Ihrem Menschen natürlich folgen. Sind Sie ein Stück weit entfernt, wird der Hund losgelassen. Er rennt schnellstens in Ihre Richtung. Großes Lob und Belohnung, wenn er Sie aufgespürt hat.

Das ist darüber hinaus auch eine gute Übung, um die Bindung zu Ihnen zu festigen.

Haben Sie einen Garten, können Sie das Kommen, nachdem Sie sich versteckt haben, auch allein üben, indem Sie ums Haus rennen und den Hund rufen.

Eine weitere Möglichkeit fürs Versteckspiel, wenn Sie allein unterwegs sind, ergibt sich, wenn der Hund vor Ihnen läuft und gerade abgelenkt ist, jedenfalls nicht auf Sie achtet. Sie stellen sich hinter den nächsten Baum und rufen nach ihm. Sollte er an Ihnen vorbeirennen und Sie nicht entdecken, rufen Sie noch einmal, bevor er in Panik gerät. Wenn er Sie ignoriert und zwar schon in Ihrer Nähe ist, aber nicht weiter nach Ihnen sucht, feuern Sie ihn durch Tütenrascheln oder einen leisen Ruf an.

Rufen Sie Ihren Hund nicht nur heran, wenn Sie in der Umgebung irgendetwas entdeckt haben, sei es Hase oder Jogger oder andere Hunde, sondern immer wieder zwischendurch, wenn nichts passiert und der Hund sozusagen so vor sich hinlatscht. Es gibt Hunde, die sich beim Ruf »Komm« erst in alle Richtungen umsehen, was denn los ist. Sie haben erfahren, dass sie stets herangerufen werden, wenn etwas Spannendes zu erwarten ist, auf das sie durch das »Komm« erst aufmerksam gemacht wurden.

Und rufen Sie den Hund nicht nur heran, um ihn dann gleich anzuleinen.

Verknüpfen Sie das »Komm« nicht mit anderen Hörzeichen. Läuft der Hund auf Sie zu, rufen Sie ihm also nicht plötzlich »Sitz« zu, denn er soll ja lernen, direkt zu Ihnen laufen.

▶ »Nein«

Das »Nein« können Sie im Zusammenhang mit jedem beliebigen falschen Verhalten des Hundes üben, oder Sie provozieren ihn zu einem Verhalten, das Sie ihm abgewöhnen wollen, und sprechen das »Nein« dabei aus.

Es ist beim »Nein« nämlich völlig gleichgültig, an welcher Stelle Sie es üben: Es überträgt sich auf alle anderen Situationen. Sie können es abstufen, in unterschiedlicher Tonart und Lautstärke vorbringen, als neutrales Untersagen eines Verhaltens bis hin zum scharfen Verbot. Wenn Sie es vom »Fein« ganz klar unterscheiden wollen, sprechen Sie es wie »Naaa« oder eben kurz und rigoros wie »Na!« aus.

> ▶ **TIPP**
> *Sagen Sie das »Nein« nur in Situationen, in denen der Hund etwas tut, was er sofort lassen soll. Aber sagen Sie es nicht zur Korrektur bei den Erziehungslektionen. Dafür führen Sie ein anderes Hörzeichen ein, etwa »Falsch« oder »So nicht«, das Sie immer mit derselben geduldigen Stimme aussprechen, während das »Nein«, wenn es notwendig ist, auch laut und scharf zu hören ist.*

Die eine Möglichkeit, das »Nein« zu lernen, ergibt sich wie von selbst bei dem Hund, der an der Leine zieht. Sie gehen hinaus und schon prescht er vorweg. Sobald sich die Leine straff zieht, rucken Sie kurz an der Leine. Leinenruck, das heißt nicht, dass Sie so zerren, dass Sie den Hund herumreißen. Er muss es zwar merken, aber ein Sekundenruck genügt. Zugleich sagen Sie ein knappes »Nein«. Der Hund hört durch den Ruck gezwungenermaßen auf zu ziehen und Sie lockern sofort die Leine. Sie können auch jedes Mal stehen bleiben, anstatt einen Leinenruck zu geben, wenn der Hund zieht. Sie sagen »Nein«, warten einen Moment und gehen dann weiter. Auf diese Weise ziehen sich Spaziergänge leider hin, bis

Ihr Hund den Zusammenhang kapiert hat. Der Vorteil ist, dass er zugleich das »Nein« und das Laufen an durchhängender Leine lernt.

Geht der Hund ruhig neben Ihnen, sagen Sie »Fein«. Für den Anfang reichen schon ein paar Meter.

Eine andere Möglichkeit, das »Nein« zu lernen: Sie legen ein Leckerchen vor den Hund auf den Boden und sagen »Nein«, sobald er es aufnehmen will.

Dabei schieben oder schubsen sie ihn zur Seite. Danach geben Sie ihm ein Leckerchen aus der Hand und sagen »Deins« oder »Nimm«. Sie können ähnliche Situationen provozieren, indem Sie etwas Leckeres liegen lassen, den Hund im Blick behalten, und sobald er sich darüber hermachen will, »Nein« rufen und mit der Wurfkette rasseln. An Stelle der Wurfkette ist auch eine Dose geeignet, die Sie mit Steinchen oder Nägeln oder Erbsen gefüllt und mit Klebeband fest verschlossen haben.

▸ **»Sitz«**

Viele Hunde aus zweiter Hand können bereits »Sitz« und »Platz«, auch wenn sie sonst nicht viel gelernt haben. Überprüfen Sie, ob sich Ihr Hund nicht auf »Platz« hinsetzt, manchmal wird auch nur dieses eine Hörzeichen gelernt. Dann bleiben Sie einfach dabei und führen fürs Hinlegen ein »Leg dich« ein. Wenn Sie »Sitz« verwenden, sprechen Sie es zur Unterscheidung zu »Platz« mit einem lang gezogenen Vokal aus, also »Siiitz«.

Es gibt zwei Methoden, »Sitz« einzuüben. Die eine: Halten Sie dem Hund, der vor Ihnen steht, ein Leckerchen vor die Nase und führen Sie die Hand immer höher. Er wird den Kopf recken und muss sich schließlich hinsetzen. Sobald er das Hinterteil absenkt, sagen Sie »Sitz«, loben und geben ihm das Leckerchen. Bei dieser Übung können Sie mit der anderen Hand zugleich das Sichtzeichen für »Sitz« geben.

Gehört Ihr Hund zu denen, die nach dem Leckerchen springen, das so verlockend genau vor ihrer Nase in die Höhe gehalten wird, müssen Sie das »Sitz« auf die andere Weise einüben. Sie halten den stehenden Hund mit der einen Hand am Halsband fest, ohne zu ziehen, mit der anderen Hand senken Sie sein Hinterteil durch leichten Druck nach unten ab.

Wenn Sie das »Sitz« jeden Tag immer wieder, drei-, viermal oder nach Situation öfter üben, wird der Hund bald begriffen haben, worauf es ankommt. Das »Sitz« wird von den meisten Hunden ziemlich schnell gelernt. Auch Hunde, die es schon können, müssen es immer wiederholen. Sagen Sie es zum Beispiel auf einem Spaziergang ganz plötzlich, auch wenn der Hund weiter entfernt ist.

»Sitz« mit Sichtzeichen: hier klappt es schon gut.

▸ »Platz«

Sie können das »Platz« aus dem »Sitz« heraus üben. Aber erst dann, wenn der Hund das »Sitz« sicher beherrscht. Vermischen Sie die beiden Übungen nicht. Wenn der Hund sitzt, halten Sie ihm wieder ein Leckerchen vor die Nase und führen es nun direkt vor ihm nach vorn und unten, Richtung Boden. Der Hund folgt mit dem Kopf der Bewegung und muss sich irgendwann hinlegen. Sobald er liegt, sagen Sie »Platz«. Und wieder Lob und Leckerchen. Auch hier haben Sie die andere Möglichkeit, den Hund in die Position herunterzuziehen, indem Sie von unten das Halsband fassen. Das dem »Platz« entsprechende Sichtzeichen geben Sie ebenfalls gleich.

Den Hund aus der Sitz-Position heraus in die Platz-Position zu bringen, ist relativ leicht, wenn er beide Übungen gelernt hat. In der umgekehrten Reihenfolge fällt es vielen Hunden sehr schwer, und das muss auch nicht sein, das ist dann wieder eine Übung für Fortgeschrittene.

▸ »Pfui«

Dieses Hörzeichen wird, anders als das »Nein«, nicht in Abstufungen ausgesprochen. »Pfui« ist »Pfui«, ganz und gar verboten, und zwar sofort, unmissverständlich und immer. »Pfui« ist zum Beispiel Dreck fressen oder Katzen jagen. Wurfkette oder Klapperbüchse können zur Bekräftigung und auf Entfernung noch zusätzlich zum Einsatz kommen. Aber wie immer: nicht beim Werfen erwischen lassen, sondern sich so benehmen, als hätte man mit der Angelegenheit gar nichts zu tun.

▸ »Aus«

Gerade bei Hunden von zweifelhafter Herkunft kann es passieren, dass sie mit wahrer Gier alles fressen, was sie unterwegs finden. Da helfen keine »Pfui«-Rufe, im Gegenteil, manche Hunde schlingen daraufhin besonders schnell hinunter, was sie gerade erbeutet haben. »Aus« lässt sich meist recht gut im Tauschverfahren lernen, vor allem, wenn Ihr Hund gerne Beutespiele macht. Sie geben ihm ein Hundespielzeug und zeigen ihm dann ein anderes. Machen Sie die Sache interessant, sagen Sie mit Betonung: »Was habe ich denn hier?« Halten Sie ihm das Spielzeug vor die Nase, spielen Sie selbst ein bisschen damit. Sobald der Hund das erste Spielzeug herausrückt, sagen Sie »Aus«, und er bekommt gleich das andere. Gibt er auch das wieder her? Vielleicht im Tausch gegen ein Leckerchen? Wieder heißt es »Aus« – und er bekommt das Spielzeug zurück. Ist Ihr Hund der Typ, der nicht spielt, sondern auf Leckerchen aus ist, muss es für ihn eben ein Kauknochen sein, den er im Tausch gegen ein Leckerchen erhält.

Aufmerksamer Hundeblick: »Platz« mit Sichtzeichen.

Es darf natürlich nichts sein, was er mit einem Happs hinunterschlucken kann.

Nur wenn das mit dem Tauschen nicht klappt, müssen Sie die Methode des direkten Eingriffs anwenden. Sie öffnen dem Hund den Fang. Mit einer Hand umgreifen Sie den oberen Kiefer. Daumen und Mittel- oder Zeigefinger setzen Sie vor den Backenzähnen an, und mit der anderen Hand ziehen Sie den unteren Kiefer nach unten. Sie sagen »Aus«, die Beute fällt heraus. Auch das können Sie mit einem Spielzeug üben, das Sie dem Hund gleich anschließend wieder zurückgeben.

▶ **»Fuß«**

Das »Fuß« wird am Anfang an der Leine geübt. Wann immer der Hund einigermaßen brav neben Ihnen geht, sagen Sie »Fein! Fuß«. Ein paar Schritte genügen schon. Dann bekommt er eine Belohnung. Sie können auch, während Sie gehen, eine Weile ein Leckerchen genau neben der Hundenase in der Hand halten. Sagen Sie dabei öfter »Fuß«. Hat er es geschafft, ein Stück der Strecke neben Ihnen zu bleiben, gibt es wieder Lob und Belohnung.

Normalerweise, etwa für Begleithunde- und andere Prüfungen, soll der Hund an der linken Seite gehen. Haben Sie einen älteren Hund oder kommt es Ihnen nicht so darauf an, ist es schon gut genug, wenn er einfach im selben Tempo an Ihrer Seite bleibt. Und wenn es Ihnen in einigen Situationen – enger Fußweg neben der Straße – sicherer erscheint, dass er an Ihrer rechten Seite geht, ist nichts dagegen einzuwenden. Nur ständiges Wechseln sollten Sie vermeiden. Sie könnten natürlich für das Gehen an der rechten Seite auch ein anderes Hörzeichen einführen.

Gehen Sie, während der Hund das »Fuß« lernt, mal etwas langsamer, mal etwas schneller, rennen Sie plötzlich los, bleiben Sie stehen und fangen spä-

»Bei Fuß« wird erst mit Leine geübt und später mit Freifolge.

»Bleib« ist keine leichte Übung. Je größer die Entfernung wird, desto lieber will der Hund folgen.

ter auch damit an, Wendungen so zu gehen, dass der Hund danach wieder an Ihrer Seite ist. Wollen Sie mit Ihrem Hund eine Prüfung ablegen, muss diese Wendung korrekt gegangen werden, indem der Hund sie nicht an Ihrer Seite klebend ganz mitläuft, sondern sich hinter Ihnen dreht, während Sie die Leine in Ihrem Rücken herumführen.

Wenn das »Fuß« an der Leine reibungslos klappt, ist das freie Folgen der nächste Schritt.

Lassen Sie den Hund nie zu lange in Ihrem Tempo neben Ihnen gehen. Das ist anstrengend, denn die Bewegungsabläufe von Mensch und Hund sind auf Dauer zu unterschiedlich.

▶ **»Bleib«**

Lassen Sie den Hund vor sich »Sitz« oder »Platz« machen. Treten Sie einen Schritt zurück, bleiben Sie dem Hund nach wie vor zugewandt. Strecken Sie jetzt die flache, nach oben weisende Hand vor ihm aus und sagen »Bleib«. Ziehen Sie sich im Verlauf dieser Übung immer weiter vom Hund zurück. Am Anfang steht er wahrscheinlich bald auf und will Ihnen folgen. Jeder Hund lässt dabei eine unterschiedliche Distanz zu seinem Menschen zu. Das müssen Sie herausfinden. Steht er schon auf, wenn Sie nur einen Schritt rückwärts gemacht haben, wird sich das »Bleib«-Lernen vielleicht etwas hinziehen. Es ist eine schwierige Übung. Der Hund will ja bei seinem Rudelführer sein.

Ist er sitzen geblieben, nachdem Sie sich ein paar Schritte von ihm entfernt haben, gehen Sie zu ihm zurück und loben ihn. Das ist ganz wichtig: Das Lob folgt nicht schon, wenn Sie noch entfernt von ihm sind. Die gesamte Übung ist erst abgeschlossen, wenn Sie wieder beim Hund angekommen sind.

Wenn es schon gut klappt, üben Sie unter erschwerten Bedingungen. Gehen Sie seitlich oder rennen Sie plötzlich weg.

▶ **»Warte«**

Das Hörzeichen »Warte« wird zum Beispiel in Situationen gegeben, in denen der Hund sich vordrängen will, wenn es eng wird, oder an Wegkreuzungen auf einem Spaziergang, wenn er vorpreschen will. Sie könnten ihn dann zwar jedes Mal auch mit »Komm« zu sich heranrufen. Aber oft ist das »Warte« unumgänglich, zum Beispiel weil der Hund nicht einfach aus dem Auto springen soll. Im Auto können Sie das »Warte« mit einer längeren Leine und mit einer Hilfsperson üben. Die Hilfsperson bleibt vorn im Auto sitzen und hält die Leine in der Hand. Rufen Sie dem Hund von außen durch die Heckscheibe ein deutliches »Warte« zu. Will er, sobald Sie die Heckklappe öffnen, hinausspringen, hält Ihr Helfer die Leine so fest, dass der Hund sitzen oder stehen bleiben muss. Sie wiederholen das »Warte« noch einmal. Nach kurzer Zeit sagen Sie dann »Hopp« oder

»Spring«. Sie treten einen Schritt zur Seite und die Leine wird sofort losgelassen.

An Engpässen, etwa vor Türen, lässt sich das »Warte« auf ähnliche Weise mit einer Hilfsperson lernen, die den Hund an der langen Leine zurückhält, während Sie vorgehen. Sie können Ihren Hund auch selbst am Halsband fassen, sich nun Ihrerseits vordrängen und »Warte« sagen. Oder Sie machen Ihrem Hund die Tür vor der Nase zu und schieben ihn zur Seite, um vorzugehen.

»Warte« kann der Hund auch an der Schleppleine lernen. Sie rufen und treten auf die Leine, allerdings nur, wenn er in gemäßigtem Tempo läuft und nicht zu schnell ist, sonst geht er in die Knie und kippt nach vorn.

▶ **Hilfsmittel**

Einige Hilfsmittel sind ohne professionelle Einweisung auf keinen Fall anzuwenden. Dazu gehören Master plus und die Disc.

Bei **Master Plus** handelt es sich um ein kleines Gerät, das am Halsband des Hundes befestigt wird: ein Empfänger mit einem Zerstäuber, in dem sich ein geruchloses Pressluftgemisch befindet. Es wird aus einer bestimmten Entfernung über einen Sender ausgelöst, das zischende Geräusch erschreckt oder irritiert den Hund und bringt ihn dadurch von einem Verhalten ab. Es ist für den Einsatz bei Hunden vorgesehen, die notorisch abhauen oder Wild hetzen oder Jogger anspringen. Die Anwendung ist nicht einfach. Voraussetzung ist nämlich, dass der Einsatz zeitlich vollkommen präzise erfolgen muss, sonst kann man mehr falsch machen als korrigieren.

Ein Starkzwangmittel wie Teletakt, also ein **Stromreizgerät**, ist die verschärfte und schmerzvolle Maßnahme. Diese Mittel gehören niemals in die Hand von Laien. Sie sind wirklich nur in den größten Ausnahmefällen, etwa bei einem Hund, der Jagderfolg hatte, erlaubt.

Auch vor der Verwendung der **Disc** ist eine Einweisung erforderlich, denn der Hundehalter darf nicht selbst die Konditionierung vornehmen. Es handelt sich um fünf aufgereihte kleine Metallscheiben. Sie werden neben oder vor den Hund auf den Boden geworfen. Bevor sie eingesetzt werden können, muss der Hund von einem Trainer auf dieses Geräusch konditioniert werden. Verbunden wird das mit einem Verbot. Auch die Disc muss präzise zur richtigen Zeit geworfen werden, in Situationen, in denen der Hund sofort ein Verhalten beenden soll. Bei den meisten Hunden genügt es nach einiger Zeit,

Zerren an der Leine muss dem Hund abgewöhnt werden.

wenn nur noch gescheppert wird. Die Disc darf nicht bei jeder Gelegenheit geworfen werden. Ihre Wirkung nutzt sich durch beliebigen und zu häufigen Gebrauch ab und beeindruckt den Hund dann gar nicht mehr.

Das **Halti** ist ein Kopfhalfter für Hunde. Der Hund kann mit einem Halti ohne Einschränkung hecheln und fressen. Mit Halti kann zum Beispiel Leinenführigkeit oder angepasstes Laufen an der Seite des Menschen gelernt werden. Bei leichtem Zug an der daran befestigten Leine muss der Hund den Kopf zur Seite wenden. Dadurch wird seine Aufmerksamkeit abgezogen, zum Beispiel von einem herannahenden Jogger, und auf Sie gerichtet. Das Halsband hat der Hund zusätzlich um, und auch die normale Leine.

Auch den Gebrauch des Haltis muss man sich von einem Hundetrainer erklären lassen. Anfangs versuchen die meisten Hunde, das Halti mit den Pfoten abzustreifen. Es wird deshalb am besten schon zu Hause für kürzere Zeiten angelegt und mit für den Hund angenehmen Ereignissen verbunden, etwa zur Fütterungszeit. Der Hund muss sich an das Halti gewöhnt haben, bevor er es draußen trägt. Und auch dann muss er erst ohne Halti ausreichend getobt haben.

Der **Clicker** gibt bei Druck auf die Metallfeder ein zweimal knackendes Geräusch von sich. Auch den Umgang mit Clicker muss man sich erklären lassen. Das Geräusch wird als Signal immer dann ausgelöst, wenn der Hund eine Sache gut und richtig ausführt. Click – und es gibt ein Leckerchen. »Fein« wird dazu nicht auch noch gesagt. Das Clicken muss zum genau passenden Zeitpunkt zu hören sein. Seine Wirkung beruht darauf, dass es zusammen mit der gleich folgenden Belohnung als Verstärkung und Bestätigung dient. Am Anfang erfolgt es, wenn nur der geringste Ansatz zum gewünschten Verhalten zu erkennen ist. Auch hier muss also wieder sehr genau auf den Hund und seine Bewegungen geachtet werden. Dann wird der Anspruch Stufe für Stufe erhöht, immer weiter verschoben, bis das Verhalten vollständig aufgebaut wurde. Dann folgt auch der Befehl.

> **TIPP**
> *Mit Clicker können Sie die Bindung zu Ihrem Hund verstärken, gerade dann, wenn Sie den Eindruck haben, er achte unterwegs gar nicht auf Sie, sondern gehe seinen eigenen Beschäftigungen nach. Beobachten Sie ihn gut. Für jeden Blickkontakt, den er zu Ihnen aufnimmt, für jedes freiwillige Herankommen, ebenso für jedes Anschmiegen oder dafür, dass er Ihnen zuwedelt, gibt es ein Click und ein Leckerchen.*

▸ **Hundeschulen**

Auch wenn Sie bei der Erziehung Ihres Hundes aus dem Tierheim Probleme haben: Dass Sie ihn nicht in einer Hundeschule abgeben und dort trainieren lassen, um ihn fertig ausgebildet wieder abzuholen, versteht sich von selbst. Zum einen wollen Sie ja die Bindung zu Ihrem Hund, zum anderen wollen Sie dem Hund, der vor Ihnen bereits einen oder mehrere andere Besitzer hatte, nicht schon wieder einen Wechsel zumuten.

Also kommt für Sie nur Selbstausbildung in Frage. Sie können Ausschau halten nach einer Hundeschule in der

Am Unterricht in der Hundeschule sollten immer nur wenige Hunde teilnehmen.

Nähe, die Sie zusammen mit Ihrem Hund besuchen. Wie finden Sie die richtige? Informieren Sie sich, wie dort vorgegangen wird. Welches sind die Methoden? Wie sind die Lernziele formuliert? Sehen Sie sich an, wie die Trainingsstunden ablaufen. Achten Sie auf den Ton und den Umgang mit den Hunden. Erkundigen Sie sich, ob mit Stachelhalsband oder Teletakt, mit positiver Verstärkung, Motivationstraining, Halti, Disc oder Schleppleine gearbeitet wird und welches Vorgehen bei speziellen Problemen angewandt wird.

Sie könnten auch einen Intensivkurs machen, mit Einzelunterricht oder in der Gruppe, eine Woche unterwegs mit dem Hund, Urlaub und Hundeschule verknüpfen, also ein Bildungsurlaub für Sie beide. Meist verläuft der Unterricht so, dass an zwei Stunden, vormittags und nachmittags, trainiert wird, den Rest der Zeit haben Sie für sich. Der Hund wird es genießen, mit Ihnen zusammen zu sein und zu trainieren, Sie widmen sich ihm für diese Zeit ganz.

> **Zwei Hunde**
>
> Ihr Hund aus dem Tierheim ist Ihr zweiter Hund, und Ihr erster Hund ist bereits gut erzogen? Dann üben Sie in der Anfangszeit mit dem zweiten Hund allein. Das Problem ist nämlich, dass ein gut erzogener Hund sich ständig angesprochen fühlt, sich bei jedem »Komm« abrufen lässt und nicht versteht, warum Sie noch einmal rufen und korrigieren! Ein »Nein« wird er auf sich beziehen und die Situation, in der er sich gerade befindet. Ein gut erzogener Hund wird verunsichert, wenn er dabei ist, während der zweite Hund noch lernt. Außerdem, wie wollen Sie das mit den Belohnungshäppchen handhaben? Wenn ein bereits erzogener Hund für Selbstverständlichkeiten plötzlich wieder Leckerchen erhält, kann das sogar zu Rückschritten führen.

Problemverhalten und Unarten

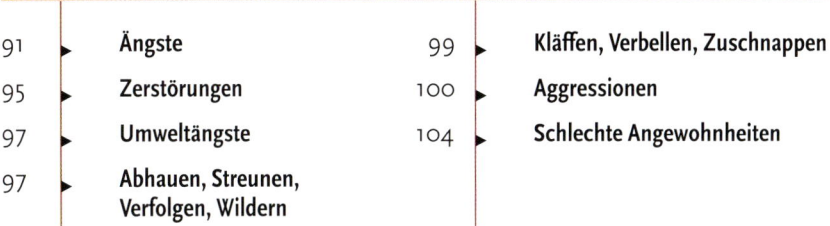

91	▶	Ängste	99	▶	Kläffen, Verbellen, Zuschnappen
95	▶	Zerstörungen	100	▶	Aggressionen
97	▶	Umweltängste	104	▶	Schlechte Angewohnheiten
97	▶	Abhauen, Streunen, Verfolgen, Wildern			

Viele Hunde, die aus zweiter Hand übernommen wurden, haben mehr oder weniger schwerwiegende Probleme. Einige davon mögen ganz isoliert sein, andere tauchen gleich im Bündel auf. Im schlimmeren Fall brauchen Sie kompetente Hilfe.

Fragen Sie schon im Tierheim, wenn die Probleme des Hundes bekannt sind, was Sie tun können. Wenden Sie sich an den Tierarzt oder lassen Sie sich von ihm oder von anderen Hundebesitzern einen Tier-Verhaltenstherapeuten empfehlen, der sich mit Hunden wirklich gut auskennt.

Es ist leider möglich, dass den Problemen frühe Fehlentwicklungen zugrunde liegen. Da wurden in den entscheidenden Phasen der Entwicklung des Welpen Fehler gemacht, die später durch keine Maßnahme wieder gut zu machen sind. Auch Probleme, die im späteren Hundeleben aufgetaucht sind, lassen sich nicht in jedem Fall lösen. Der Erfolg ist davon abhängig, wie gravierend sie sind, auf welchen einschneidenden Erfahrungen des Hundes sie beruhen, und nicht zuletzt davon, wie ausdauernd Sie sind.

Fragen Sie sich bei allen Problemen, welcher Grund für das Verhalten vorliegen könnte. Manchmal bedarf es zur Analyse einfach mehr Aufmerksamkeit gegenüber dem Hund. Versuchen Sie, das Problem einzukreisen und zu beschreiben: Wie benimmt er sich genau? Wann tut er was? Was könnte der Auslöser sein? Was könnte dahinterstecken? Etwa Schmerzen? Ein organisches Leiden? Ein angeborener Fehler? Unsicherheiten? Ängste? Oder falsche Erziehung?

Bei Unarten oder schlechten Angewohnheiten des Hundes ist es einfacher als bei Problemen. Schon die Begriffe besagen es: Was der Hund sich angewöhnt hat, kann er sich auch wieder abgewöhnen. Schlechte Angewohnheiten bedürfen vor allem Ihres konsequenten Verhaltens dem Hund gegenüber, dann verschwinden Sie meist wieder.

Ob das eine oder das andere – wichtig ist, dass Sie gelassen bleiben und den Hund in seinem Verhalten nicht bestätigen.

▶ Ängste

Es wäre die Ausnahme, wenn ein Hund, der aus zweiter Hand übernommen wurde, keine Ängste zeigt. Er mag sonst lieb sein und mit ihm lässt sich gut zusammenleben, an irgendeinem Punkt kommen sie dann doch zum Vorschein. Es gibt Ängste, die zu Einschränkungen im Zusammenleben mit

> **Entwicklungsphasen und die Rolle des Menschen**

1. bis 2. Woche: Vegetative Phase
In dieser Phase spielt der Mensch noch keine Rolle. Der Welpe wird mit geschlossenen Augen und Ohren und noch wenig entwickeltem Geruchssinn geboren. Erste Lautäußerungen. Erste Bewegungsabläufe, die ihm ermöglichen, die Zitzen der Mutter zu finden. Tagesablauf aus Saugen und Schlafen.

3. Woche: Übergangsphase
Öffnen der Augen, aber Sehfähigkeit erst ab etwa 17./18. Tag. Gegenseitiges Belecken der Welpen. Ansatz zum Wedeln. Noch kein Sozialisierungsverhalten. Am Ende der Phase beginnen die Welpen, der Mutter zu folgen.

4. bis 8. Woche: Prägungsphase
Welpen haben voll entwickelte Sinne. Sie spielen und streiten bereits. Umweltoffenheit: Erstes Entfernen vom Lager und Interesse nach außen. Spätestens jetzt wird die Kontaktaufnahme zum Menschen mit Berührungskontakten notwendig.

9. bis 12. Woche: Sozialisierungsphase
Lernen der ersten Regeln unter den Welpen und durch die Mutter, was erlaubt und verboten ist, etwa zu festes Zubeißen. Kampfspiele, Meutespiele der Welpen. Erste Regeln auch durch den Menschen: Loben, Bestätigen, Streicheln, Spielen. In dieser Phase entstehen Unsicherheiten und Ängste.

13. bis 16. Woche: Rangordnungsphase
Ausbau der Spiele, schon ins Ernsthafte. Weiterbringen der Welpen durch Loben und Belohnen und erste Lernübungen. Im Spiel Entwicklung der Rangordnung, Anerkennung von geistiger Überlegenheit.

14. bis 24. Woche: Rudelordnungsphase
Großer Lerneifer. Offen für Übungen. Anführer muss jetzt Souveränität zeigen. Diese Phase ist in vieler Hinsicht entscheidend, zum Beispiel im Hinblick auf Umwelterweiterung. Hier kann am meisten falsch gemacht werden, indem der Hund zum Tyrannen oder zur Unterwürfigkeit erzogen wird.

7. bis 8. Monat: Pubertätsphase
Hier wird verfestigt, was vorher geschehen ist. Der Hund zeigt seine Persönlichkeit.

dem Hund führen. Ängste können aus einem Hund ein völlig verstörtes Wesen gemacht haben, sie können aber auch so sporadisch mit seltenen Begebenheiten verknüpft sein, dass sie sich fast gar nicht bemerkbar machen. Die Formen der Angst sind unterschiedlich, ob das Angst vor Gewitter oder bestimmten Geräuschen ist, bei denen der Hund sich verkriecht, Angst vor Wasser, vorm Alleinsein oder auch vor Schlägen, die ihn handscheu gemacht haben.

Allgemein gilt bei Ängsten, dass sie nicht dadurch zu bewältigen sind, dass sie ignoriert werden oder als übertrieben abgetan werden, nach dem Motto: Stell dich nicht so an. Sie haben eine tiefer liegende Ursache, die Sie bei Ihrem Hund wohl kaum kennen.

Zwei Methoden der Angstbewältigung sind unbedingt falsch. Die eine ist, dass der Hund getröstet wird, dass Sie ihm Mut zusprechend zur Seite stehen. Dadurch merkt er erst, dass da wirklich etwas geschieht, was ihn beunruhigen muss. Dafür bekommt er auch noch Ihre volle Zuwendung! Die andere ist, dass der Hund für seine Angst auch noch bestraft wird, indem Sie ungehalten sind oder schimpfen. Damit wird nur erreicht, dass sich die Angst verstärkt.

> **TIPP**
> *Wenn Sie einen handscheuen Hund haben, versuchen Sie ihn aus der Hand zu füttern. Das wird nicht von Anfang an möglich sein. Versuchen Sie es immer wieder, auch mit kleinen Häppchen zwischendurch, für die er nichts tun muss. Halten Sie einfach ruhig Ihre Hand hin, ohne den Hund dabei anzustarren. Vermeiden Sie alle Hektik und Bewegungen, die ihn zurückschrecken lassen.*

Treiben Sie so wenig Aufwand wie möglich um Ängste. Am besten ist es, wie so oft, wenn Sie in den für den Hund angstbesetzten Situationen die Ruhe bewahren. Ihre Sicherheit erkennt der Hund. Er merkt genau, ob Sie selbst Angst haben. Das wiederum würde seine Angst bestätigen.

Der Hund kann nur allmählich lernen, seine Angst zu bewältigen. Das bedeutet für Sie unter Umständen einen hohen Zeitaufwand. Darüber hinaus ist es gut für einen ängstlichen Hund, etwas Neues zu lernen, was seine Konzentration verlangt und ihn umlenkt, er sollte gefordert werden, etwa durch Agility oder andere Aktivitäten oder Aufgaben. Das stärkt, wenn es erlaubt ist, davon bei einem Tier zu sprechen, sein Selbstbewusstsein.

TRENNUNGSANGST ▶ Am häufigsten macht sich bei Hunden Verlassens- oder Trennungsangst bemerkbar. Solche Hunde können nicht allein sein. Viele werden sogar aus diesem Grund im Tierheim abgegeben. Die einen haben es schon als Welpen nie gelernt, hinter anderen liegen die schlechtesten Erfahrungen. Hunde sind grundsätzlich nicht gern allein, schließlich sind sie Rudeltiere.

Wie äußert sich Trennungsangst? Wenn Sie nur den Raum, spätestens aber die Wohnung verlassen, bellt der Hund Ihnen nach, jault, quietscht, zerkratzt Türen, er gerät in eine wahre Zerstörungswut oder er ist nicht mehr stubenrein.

Hunde mit Trennungsangst können panisch zwischen Tür und Fenster hin und herrennen.

Sie wissen, dass der Hund diese Verhaltensweisen nicht zeigt, weil er Sie dafür bestrafen will, dass Sie weggegangen sind und ihn allein gelassen haben. In diesen moralischen Kategorien sind seine Taten nicht zu bewerten. Er ist nur völlig verzweifelt und gerät außer sich oder wirklich außer Kontrolle, vor allem in den ersten Minuten nach Ihrem Weggehen. Manche Hunde können sich in ihre Angst richtig hineinsteigern.

Trennungsangst wird schrittweise abgebaut, und damit ist tatsächlich gemeint, dass Sie zunächst den ersten Schritt bewältigen müssen, bevor Sie den nächsten machen. Dieses Vorgehen kann sich recht lange hinziehen. Bei meiner Peggy, einer Collie-Mix-Hündin, die ich aus dem Tierheim geholt habe, als sie sechs Jahre alt war, hat es sich erst mit intensivem Training gebessert und fast ein ganzes Jahr hingezogen, bis ich sie schließlich für längere Zeit – allmählich gesteigert auf drei Stunden – allein lassen konnte.

Hilfe bei Trennungsangst

1. Lassen Sie den Hund am Anfang, für mindestens drei bis vier, besser noch für sechs Wochen, nicht allein. Er muss erst erfahren, dass nun jemand für ihn da ist. Auch ein Hundesitter oder das Abgeben bei einem noch so verlässlichen anderen Menschen ist zu vermeiden.
2. Hat Ihr Hund bereits Panik im Blick, wenn Sie nur die Schuhe oder die Jacke anziehen? Dann tun Sie das öfter am Tag, ohne danach das Haus zu verlassen.
3. Gehen Sie auch öfter aus der Haustür und kommen nach einigen Sekunden wieder herein, ohne vorher und nachher den Hund zu beachten.
4. Vermeiden Sie alle großen Abschieds- und Begrüßungszeremonien. Führen Sie das Hörzeichen »Tschüs« oder »Wieder« ein.
5. Einigen Hunden fällt es leichter, im Auto allein zu bleiben. Wenn es nicht zu kalt oder zu heiß draußen ist, lassen Sie ihn doch einfach dort warten. Stellen Sie Wasser bereit.
6. Gehen Sie bei einem Hund mit Trennungsangst nicht darauf ein, wenn er mit diesem lieben Blick ankommt, Sie anstupst und um Streicheleinheiten bettelt oder auch sonst auf eine freundliche Art etwas von Ihnen fordert.
7. Lassen Sie das Licht an oder stellen Sie das Radio an oder lassen Sie ein Band mit Ihrer Stimme laufen.
8. Manchen Hunden hilft das Aufstellen einer Box, in der sie sich geschützter fühlen.
9. Oder ein Kauknochen, mit dem er eine Weile beschäftigt ist, hilft gerade über die schwierigen ersten Minuten des Alleinseins hinweg.
10. Vielleicht hilft es auch, wenn Sie im Zimmer Leckerchen verstecken und den Hund danach suchen lassen.
11. Bevor Sie den Hund allein lassen müssen, unternehmen Sie ausgiebig etwas mit ihm, fordern Sie ihn körperlich. Ein Hund, der sich laufend und spielend verausgabt hat und müde in seinen Korb fällt, hat vielleicht nicht mehr genug Energie. Aber verlassen können Sie sich darauf nicht.
12. Ein Zweithund im Haus ist auch keine Garantie dafür, dass während Ihrer Abwesenheit Ruhe herrscht. Wenn Sie Pech haben, jaulen Ihnen zwei Hunde nach.

Während ihres siebenmonatigen Aufenthalts im Tierheim war sie einmal vermittelt und nach vier Wochen wieder zurückgebracht worden, weil sie nicht allein sein konnte.

Das sind die einzelnen Schritte, die Tag für Tag und letztlich Wochen und womöglich Monate lang immer wieder geübt werden müssen:

1. Lassen Sie den Hund immer wieder für kürzeste Zeit auf seinem Platz liegen und gehen Sie aus dem Zimmer, ohne die Tür zu schließen. Bleibt er ruhig liegen, loben Sie ihn, wenn Sie zurückkommen. Folgt er Ihnen, führen Sie ihn zurück. Warten Sie einige Sekunden und gehen Sie dann wieder.

2. Gehen Sie nun aus dem Zimmer und schließen hinter sich die Tür, kommen aber umgehend wieder zurück. Ist Ihr Hund liegen geblieben, loben Sie ihn.

3. Bleiben Sie für zehn bis zwanzig Sekunden vor der Tür stehen, lauschen Sie, ob der Hund unruhig wird. Wieder gehen Sie hinein, wenn alles ruhig ist, und loben ihn.

4. Wechseln Sie ab, bleiben Sie mal länger weg, mal nur für kurze Zeit.

5. Verlängern Sie die Zeitdauer nach und nach immer mehr. Aber bleiben Sie trotzdem noch dabei, mal nur nach wenigen Sekunden, mal nach Minuten zurückzukehren. Wenn Sie die erste halbe Stunde geschafft haben, ist das sehr gut.

6. Gehen Sie immer nur dann zum Hund zurück, wenn ein Moment der Ruhe eingekehrt ist. Dabei vermeiden Sie jede stürmische Begrüßung. Sagen Sie ganz ruhig »Fein« und damit ist die Sache ausgestanden. Dass Sie weggehen und wiederkommen, muss dem Hund wie eine Selbstverständlichkeit erscheinen. Und das sollte es ja eigentlich auch sein.

7. Der Moment der Ruhe kommt nicht? Dann müssen Sie weiter vorne ansetzen und mit kürzeren Zeiten üben.

8. Schnappt der Hund über bei Ihrer Rückkehr, lenken Sie sein überbordendes Verhalten um und rennen eine Runde durch den Garten, wenn Sie einen haben, oder lassen Sie den Hund etwas tun, was er kann.

Kehren Sie also nie in einem Moment zurück, wenn der Hund hinter Ihnen herbellt, auch nicht, wenn er sich besonders panisch aufführt und Sie um Ihr Mobiliar besorgt sind. Gehen Sie dann auch nicht ins Zimmer, um den Hund, und sei es noch so kurz angebunden und barsch, zurechtzuweisen. Damit hat er erreicht, was er wollte: dass Sie wieder bei ihm sind. Ihr missbilligender Tonfall und wütende oder auch gar keine Blicke sind das kleinere Übel. Schimpfen Sie nicht, rasten Sie nicht aus, auch wenn Ihnen danach zumute ist.

▶ **Zerstörungen**

Trennungsangst und Zerstörungen gehen oft miteinander einher. Nur während Ihrer meist ja längeren Abwesenheit ist es möglich, dass der Hund sich einen Gegenstand oder gleich alles Erreichbare greift, um es zu zerlegen.

Sie haben dann wahrscheinlich die ersten Schritte fürs Alleinbleiben noch nicht lange genug geübt. Vielleicht ist Ihr Hund ein schwererer Fall. Beginnen Sie mit kürzeren Zeiten und bauen Sie sie wie beschrieben weiter aus. Lassen Sie für den Hund zur ausgiebigen Beschäftigung etwas zurück. Was können Sie in der akuten Situation noch tun? Ehrlich gesagt, gar nichts. Sie müssen die Zerstörungen hinnehmen. Sie sind ja nicht dabei.

Sie könnten versuchen, nur so zu tun, als seien Sie weggegangen, sich verstecken und vom Versteck aus den Hund auf frischer Tat ertappen. Aber fast immer merkt der Hund genau, dass Sie noch da sind. Zudem zieht sich das Lernen des Alleinbleibens dann nicht weniger lange hin.

▸ TIPP

Nicht nur bei Zerstörungen, die der Hund angerichtet hat, während Sie abwesend waren, auch für alles andere, was Sie nicht im Moment des Entstehens und Geschehens ändern können, gilt, dass es für jede Korrektur zu spät ist. Können Sie nicht immer und jederzeit verhindern, dass Ihr Hund eine Sache falsch macht, sondern nur ab und zu, werden Sie keinen Erfolg mit Ihren Änderungsstrategien haben. Dann müssen Sie es durchgehen lassen. Üben Sie dafür lieber konsequent etwas ein, was auf Dauer eine Ersatzhandlung sein könnte.

Es hat keinen Zweck zu schimpfen oder den Hund zu bestrafen, wenn Sie beim Wiederkommen entdecken, dass er etwas zerstört hat. Der Hund ist höchst erfreut, dass Sie wieder da sind, und schon machen Sie so ein Theater. Das Einzige, was er versteht, ist, dass Sie eine miese Laune haben. Da zieht er sich doch lieber zurück. Dass er vor Stunden eine Missetat begangen hat, die er selbst gar nicht als solche ansieht, hat er längst vergessen. Selbst wenn Sie ihn hinführen und ihm das Ausmaß seiner Zerstörungen zeigen und vor die Nase halten, kann er den Zusammenhang nicht herstellen.

Es ist also nicht so, dass Ihr Hund ein schlechtes Gewissen hat, wenn er sich verkriecht oder sich vor Ihnen mit

▸ Das schlechte Gewissen

Es sieht ganz danach aus: Der Hund senkt den Kopf, sieht Sie kurz an, aber gleich wieder weg. Na klar, der hat ein schlechtes Gewissen. Weil er Fressen geklaut hat oder weil er etwas zerstört hat, während Sie unterwegs waren. Dann testen Sie ihn mal: Kommen Sie nach Hause und fragen Sie vorwurfsvoll: »Wie sieht das denn hier wieder aus?« Es sieht aber gar nicht aus, weil Ihr Hund nichts getan hat. Und Sie werden sehen, dass er jetzt trotzdem wieder alle Anzeichen für ein schlechtes Gewissen zeigt.

UMWELTANGST 97

Zerrspiele mit einem alten Pullover – kleine Hunde zeigen dabei ihre ganze Kraft.

eingezogenem Schwanz zurückzieht. Das deutet nur darauf hin, dass hinter ihm bereits die Erfahrung liegt, dass er ausgeschimpft wurde, nachdem sein früherer Besitzer nach längerer Abwesenheit nach Hause zurückkam. Es genügt sogar, wenn der Hund nur wahrnimmt, wie wütend oder entsetzt sein Mensch reagiert, die Augen aufreißt, die Luft anhält oder die Stirn runzelt, denn für diese kleinsten Signale ist der Hund nun einmal besonders sensibel.

▶ **Umweltängste**

Für Umweltängste gibt es vielerlei Anlässe. Das kann Angst vor Geräuschen oder Gegenständen sein, Angst vor Wasser oder vor dem Verkehr in der Stadt. Angst kann völlig absurde und überraschende Formen annehmen. Auch wenn Sie gar nicht verstehen, was denn nun an der einen oder anderen Situation so beängstigend für den Hund ist, müssen Sie wohl akzeptieren, dass Angst vorliegt und dass sie Gründe hat.

Gehen Sie, wenn der Hund unterwegs vor einer Sache Angst zeigt, einfach weiter. »Da ist nichts.« Oder bleiben Sie mit einigem Abstand davor stehen, betrachten Sie die Sache selbst ganz neutral, sagen Sie nichts, auch nicht: »Aber da ist doch gar nichts!« Lassen Sie den Hund sich langsam vortasten. Wenn er sich heranwagt und trotz ersichtlicher Ängste Mut zeigt, loben Sie ihn mit einem kurzen »Brav«. Mehr nicht, denn Sie wissen, dass nichts wirklich Beängstigendes an der Sache dran ist. Es gibt also nichts großartig zu loben.

Bei Angst vor lauten Geräuschen, sei es die Müllabfuhr oder Baulärm, oder bei Gewitterangst, wenn sich manche Hunde sogar verkriechen, gehen Sie im Haus weiter Ihren gewohnten Beschäftigungen nach, ohne sich um den Hund zu kümmern, ihn gar aus seinem Versteck herauszulocken, um ihn mit beruhigendem Zusprechen in den Arm zu nehmen.

Hat Ihr Hund Angst vorm Autofahren, üben Sie es schrittweise ein, wie im Kapitel »Zusammenleben im Alltag« (Seite 66) beschrieben. Es kann sein, dass Ihr Hund mit Autos eine unangenehme Erinnerung verbindet.

Die meisten Umweltängste werden dem Hund durch allmähliche Desensibilisierung genommen. Trotzdem kann es sein, dass Sie mit der einen oder anderen leben müssen. Wenn die Ihr Leben und das Leben des Hundes nicht einschränken, belassen Sie es dabei.

▶ **Abhauen, Streunen, Verfolgen, Wildern**

Dies gehört in eine Kategorie mit unterschiedlichen Abstufungen. Zugrunde liegt: Ihr Hund kehrt auf »Komm« hin nicht zu Ihnen zurück.

Wenn er abhaut und sich nicht abrufen lässt, wenn er sich selbstständig macht und streunt, üben Sie wie im Kapitel »Grunderziehung und Umerziehung« (Seite 79) angegeben, wenn es sein muss, dann eben wochen- oder monatelang mit der Schleppleine.

Lassen Sie nicht zu, dass Ihr Hund an der Leine schon senkrecht steht, wenn er eine Katze, einen Radfahrer, einen Jogger oder ein Reh sieht. Verabreden Sie sich zum Beispiel mit einem Radfahrer oder Jogger unter Ihren Freunden, der den Hund gezielt mit Wasser bespritzt, wenn der Anstalten macht, auf ihn zuzustürzen. Oft hilft es in diesen Situationen, wenn Sie den Hund ablenken und ihn beschäftigen, indem Sie Lernübungen mit ihm machen.

Wie Ihr Hund auf Wild reagiert, haben Sie gemerkt, als Sie in den Wildpark gegangen sind. Machen Sie ihn durch Ihr eigenes unsicheres Verhalten bei Waldspaziergängen nicht darauf aufmerksam, starren Sie nicht ständig leicht beunruhigt ins Gebüsch, ob da nicht ein Reh erscheint. Natürlich wäre es besser, wenn Sie Wild sähen, bevor der Hund es wittert oder ebenfalls sieht. Sie merken es unterwegs: Immer wieder peilt Ihr Hund das Gelände. Es gibt Gebiete, die wie magisch auf ihn wirken, etwa dichtes Gebüsch oder Waldlichtungen, vor denen er stehen bleibt. Drehen Sie sich um und gehen Sie in die andere Richtung weiter, tun Sie so, als hätten Sie etwas überaus Interessantes gefunden. Beschäftigen Sie den Hund auf Spaziergängen, werfen Sie den Ball oder ein anderes Spielzeug und lassen Sie ihn apportieren, treiben Sie gemeinsam Sport, legen Sie eine Spur aus Leckerchen aus. Üben Sie dabei auch immer wieder das Abrufen.

Entdeckt er wirklich Wild, wird der nächste Schritt sein, dass der Hund nur kurz innehält und es mit starrem Blick fixiert, bevor er durchstartet. Das ist eine Sache von Sekunden. Sie müssten versuchen, ihn sehr schnell zu sich zu

Langeweile im Garten? Hunde sollten dann nicht ihrer eigenen Wege gehen können.

rufen, noch bevor er losrennen will. Sieht er Wild und läuft vielleicht sogar los, lässt sich aber abrufen und verfolgt es nicht weiter, bieten Sie ihm gleich ein Leckerchen, ein tolles Spiel oder eine Runde Toben an!

Oft ist es aber zu spät. Vielleicht gelingt es Ihnen noch, ihm auf den ersten Metern eine deutliche Verwarnung nachzuschicken: Dann fliegt die Wurfkette oder die Disc hinter ihm her. Wenn er schon übers Feld saust oder durchs Dickicht bricht, bleibt Ihnen nur noch, stehen zu bleiben, zu gucken und Däumchen zu drehen. Dann läuft beim Hund ein anderes Programm ab, entfernt von Ihnen und der übrigen Welt.

Kommt er nach einer Weile mit hängender Zunge zurück, hoffentlich ohne Beute, sagen Sie nichts, nehmen ihn sofort und auch für die kommenden Spaziergänge wieder an die Leine. Wenn für den Hund auch ausschlaggebend gewesen ist, dass er zurückgekommen ist, soll er doch auf diese Weise erfahren, dass es Unterschiede gibt zwischen sofortigem Kommen und Wiederkommen mit Umwegen und Zeitverzögerungen.

Ganz erhebliche Probleme haben Sie, wenn Ihr Hund in seinem früheren Leben schon erfolgreich gejagt hat. Da hilft keine Wurfkette und keine Disc mehr. Dann müssen Sie einen Verhaltenstrainer zurate ziehen. Nur in einem solchen Fall ist auch die Verwendung von Starkzwangmitteln zu erwägen.

▶ Kläffen, Verbellen, Zuschnappen

Die Frage ist, aus welchem Grund der Hund kläfft oder dauerbellt. Finden Sie die Situationen heraus. Ist es ein Verlassenheitsbellen? Ein Unsicherheitsbellen? Ein Forderungs- oder Aufforderungsbellen? Ein Warnbellen oder Drohbellen? Ein Imponierbellen? Ob Ihr Hund ein Kläffer ist, wird Ihnen

▶ Problem Bindungslosigkeit

Wenn Sie Pech haben, haben Sie sich einen Hund geholt, der zwar immer einen freundlichen Eindruck macht, aber trotzdem zu Ihnen keine rechte Bindung aufnimmt. Das kann enttäuschend sein, weil einem solchen Hund gerade das fehlt, was wir Menschen am Hund so schätzen. Manche Hunde sind dazu nicht (mehr) in der Lage, weil es in der entscheidenden Phase, der Prägungsphase, Versäumnisse gegeben hat, sodass sie keine Bindung zum Menschen aufnehmen konnten. Vielleicht ist die Bindungslosigkeit auch durch häufige Wechsel der Bezugsperson entstanden. Oder es hat eine besonders starke Bindung zu einem Menschen gegeben.

Einiges, was Anhänglichkeit voraussetzt, werden Sie mit diesem Hund, zumal wenn er älter ist, nicht mehr in vollem Umfang erreichen können. Das heißt nicht, dass Sie aufgeben dürfen. Unternehmen Sie viel zusammen mit diesem Hund, machen Sie ihm als kluger Anführer alles, was Sie tun, so interessant wie möglich. Zeigen Sie ihm, dass Sie gerne mit ihm unterwegs sind, dass Sie an ihm nach wie vor interessiert sind, selbst wenn er sich nicht auf alles einlässt. So völlig ohne Eindruck werden Ihre Bemühungen nicht bleiben, und wenn er sich zumindest etwas an Sie hängt, haben Sie schon eine Menge erreicht. Erzwingen lässt sich eine Bindung durch nichts.

von einem ehrlichen Vorbesitzer sicher gesagt worden sein, wenn Sie es nicht von Anfang an selbst bemerkt haben – bei einem richtigen Kläffer ist es ja meist unüberhörbar. Manche Hunde kläffen jedoch zum Beispiel nur im Auto oder bei anderen Gelegenheiten, etwa vom Balkon aus.

Geben Sie jetzt bloß nicht zur Ablenkung oder vorübergehenden Beschäftigung ein Leckerchen, weil Ihr Hund dann ja wenigstens für eine Weile Ruhe gibt. Auch Zuhalten der Schnauze hilft nicht viel. Lenken Sie ihn ab, beschäftigen Sie ihn mit einer Aufgabe, lassen Sie ihn etwas tun, wobei er nicht bellen kann, lassen Sie ihn zum Beispiel »Platz« machen. Und gehen Sie nicht darauf ein, indem Sie dem Hund auch noch lautstark das Bellen untersagen. Er könnte es als Aufforderung auffassen, nun mit Ihnen zusammen ein Chorheulen anzustimmen. Eine Hilfsperson könnte Ihren Hund mit einem Wasserstrahl treffen, wenn er zu bellen beginnt, und wenn er vor Schreck gleich aufhört, reichen Sie freundlich ein Leckerchen, mit dem er eine Weile beschäftigt ist, sodass er, wenn sich der Schreck gelegt hat, nicht wieder anfangen kann zu bellen.

Versuchen Sie, Ihrem Hund auf »Laut« hin gezielt das Bellen zu erlauben. Das üben Sie am besten aus einer Situation heraus, in der Ihr Hund ausgelassen bellt, nicht dann, wenn er gerade jemanden verbellt. Und Sie brauchen dann auch ein Hörzeichen dafür, dass er wieder die Schnauze hält.

Ihr Hund bellt Fremde an, die sich ihm nähern? Dahinter stecken fast immer Unsicherheit und Angst. Sagen Sie nicht, das sei doch aus Hundesicht verständlich, wieso gehen auch Menschen, die er nicht kennt, einfach so auf ihn zu? Das muss ein Hund schon aushalten, es kommt schließlich öfter vor. Ist Ihr Hund an der Leine, halten Sie ihn mit einem Leinenruck zurück, gehen Sie weg, lassen Sie ihn etwas tun. Oder üben Sie zusammen mit Hilfspersonen. Führen Sie mit denen wie zufällig aussehende Begegnungen herbei, bleiben Sie, den Hund neben sich an der Leine, stehen, lassen Sie ihn »Sitz« machen und fangen Sie ein Gespräch an. Aus der Situation muss die Spannung herausgenommen werden.

Oder leinen Sie den Hund am Wegrand an und bleiben bei ihm. Beginnt er zu bellen, sobald dort jemand entlanggeht, ob er ihn anspricht oder nicht, drehen Sie sich wortlos um und gehen weg. Sobald Ihr Hund sich ruhig verhält, gehen Sie zu ihm zurück.

Verbellen aus Unsicherheit heraus kann die Vorstufe des Zuschnappens seins. Das kann immer dann passieren, wenn es plötzlich zu einer Situation kommt, in der der Hund sich in die Enge getrieben fühlt.

▶ Aggressionen

Aggressionen können verschiedene Ursachen haben. Unterscheiden Sie, ob der Hund aus Angst beißt oder aus dominantem Verhalten heraus, ob er gegenüber Hunden ein wirklicher Raufer ist, der sich mit jedem anlegt, oder ob er sich nur manchmal gezielt einen Hund herausgreift. Es ist angebracht, nach deutlich aggressivem Verhalten mit dem Hund Gehorsamsübungen zu machen. Nun aber nicht in Form von wütenden Kommandos, sondern besonders ruhig und souverän! Lassen Sie den Hund dabei unbedingt etwas tun, was er richtig macht, und loben Sie ihn dafür.

AGGRESSIONEN GEGENÜBER MENSCHEN ▶ Versuchen Sie das Problem einzukreisen, um auf die Ursachen zu stoßen. Welcher Art sind die Aggressionen Ihres Hundes gegen Menschen? Droht er sie an? Knurrt er? Hat er schon einmal geschnappt? Hat er gebissen? Wie stark? Wie häufig ist das vorgekommen? Wie sah der Vorgang genau aus? Wie hat sich der Mensch verhalten? Nicht dass es eine Entschuldigung sein soll, wenn dessen Verhalten aus Sicht des Hundes provozierend war, es trägt nur zur Klärung bei. Hat der Hund vorher gedroht? Hat er aus einer unterwürfigen Haltung heraus gebissen?

Ist ein Schema zu erkennen? Schnappt er immer nach ähnlichen Menschen? Könnte es in seiner Vergangenheit schlechte Erfahrungen mit einem bestimmten Typ gegeben haben?

Und danach: Hat er sich selbst erschrocken? Hat er sich verkrochen? Beschreiben Sie sein Verhalten genau und suchen Sie professionelle Hilfe.

AGGRESSIONEN IN DER FAMILIE ▶ Dass der Hund jemanden aus der Familie bedroht, kann man natürlich auf keinen Fall durchgehen lassen. Wichtig ist, dass sich alle auf das gleiche Verhalten gegenüber dem Hund einigen. Wer mogelt und dem Hund etwa erlaubt, doch auf dem Sofa zu sitzen, wenn das niemand bemerkt, darf sich nicht wundern, wenn der Hund in anderen Situationen den Gehorsam verweigert und beim Durchsetzungsversuch sogar droht. In diesem Fall muss zunächst

Kind und Hund: Beide müssen erst den richtigen Umgang miteinander lernen.

> **Kind und Hund**
>
> Natürlich hängt viel davon ab, wie dominant der Hund ist oder auch wie groß er ist und wie klein das Kind ist. Aber dass Kinder und Hunde nicht ohne Aufsicht zusammen sein dürfen, kann gar nicht oft genug gesagt werden. Auch mit dem allerliebsten Hund kann es plötzlich zu einer Situation kommen, die als Schlüsselreiz zum Schnappen oder Beißen auf ihn wirkt. Von einem kleinen Kind, das auf ihn zukrabbelt, oder von einem Kind, das ihn an den Ohren zieht, kann sich auch ein Hund, der etwas älteren Kindern gegenüber gnädig und geduldig ist, schlicht belästigt fühlen, und er weist es auf Hundeart zurecht. Das kann Schrammen geben. Kinder sollten grundsätzlich einiges mit dem Hund nicht machen, etwa Spiele, bei denen sie auf dem Boden liegen, oder Wettkämpfe, bei denen der Hund sich als der Stärkere erweist, also Zerr- und Beutespiele zum Beispiel.

das eigene Verhalten geändert werden. Zudem sollte jedes Familienmitglied mit dem Hund allein draußen Gehorsamsübungen machen. Kinder unter 14 Jahren sind davon allerdings unbedingt auszunehmen. Sie können einen Hund weder erziehen noch ihn zum Gehorsam zwingen, und die älteren sollten dabei nicht allein gelassen werden. Falsch wäre es, wenn Familienmitglieder, die vom Hund bedroht werden, versuchen, sich mit Leckerchen einzuschmeicheln.

AGGRESSIONEN GEGENÜBER HUNDEN ▶ Hundebegegnungen sind für gar nicht so wenige Menschen angstbesetzt: Was wird jetzt passieren? »Rüde oder Hündin?«, oder: »Ist er lieb?« – der Zuruf dieser Fragen ist immer wieder zu hören, wenn sich unbekannte Menschen mit ihren Hunden entgegenkommen. Auch Hunde stehen unter Stress, vor allem wenn sie bisher wenig Erfahrung mit anderen Hunden haben.

Bleiben Sie selbst neutral, wenn Ihnen ein Hund begegnet. Gehen Sie nicht, auch nicht freundlich auf den anderen Hund zu, beugen Sie sich nicht zu ihm hinunter und streicheln Sie ihn nicht. Wenn Sie angespannt sind, wird Ihr Hund das bemerken. Versuchen Sie ihn zu täuschen, indem Sie lauthals gähnen.

Begegnen sich zwei Hunde an der Leine, verhalten Sie sich fast immer viel aggressiver, als wenn sie unangeleint sind. Die Leine hat einfach eine verstärkende Wirkung. Ist Ihr Hund noch in einer Phase, in der sie ihn nicht frei laufen lassen können, suchen Sie jemanden, der einen ebenfalls angeleinten Hund hat. Gehen Sie ruhig nebeneinander, ohne sich dabei um die Hunde zu kümmern, sie zurückzureißen, sie anzusprechen. Sprechen Sie stattdessen miteinander, führen eine entspannte Situation mit allmählicher Annäherung herbei.

Ist Geknurre zu hören und wird an den Leinen gezerrt, starren und drohen sich die Hunde an, müssen Sie diese Art der Begegnung abbrechen.

Wenn Sie Ihren Hund frei laufen lassen, treffen Sie andere Hunde an neutralen Orten, kein Hund sollte einen Heimvorteil haben. Oft laufen Hunde zwar mit Bürste aufeinander zu, also

> **Hunde-Treffen**
>
> Lassen Sie Ihren Hund nicht einfach auf andere Hunde losstürzen, sondern halten Sie ihn zunächst zurück. Das gilt auf jeden Fall, wenn der andere Hund angeleint ist. Grundsätzlich ist es besser, Sie bestimmen, wann Ihr Hund auf einen Hund zugeht, der Ihnen entgegenkommt. Warten Sie ab, wie sich beide Hunde benehmen. Sehen Sie, dass beide eher freundlich gestimmt sind, wozu sicher Wedeln gehört, aber auch andere Anzeichen in der Körperhaltung müssen beachtet werden – dann ist nichts gegen ein Treffen einzuwenden. Im Gegenteil, es ist gut und wichtig für Hunde, wenn sie mit anderen Hunden zusammenkommen. Es sollten aber möglichst Hunde ähnlicher Größe sein, auch wenn es wesensstarke große Hunde gibt, die mit den Kleinen wunderbar zurechtkommen.

Schön, wenn Hundebegegnungen in so fröhliche Verfolgungsspiele übergehen.

mit aufgestellten Nackenhaaren, was bedrohlich aussehen kann, aber nachdem sie sich beschnuppert haben, fangen sie gleich ein gemeinsames Spiel an. Beobachten Sie die Hunde gut. Bei Anzeichen von Aggressionen rufen beide Besitzer gleichzeitig ihren Hund ab. Leiten Sie sein Verhalten um, versuchen Sie ihn zu beschäftigen, gehen Sie in einer anderen Richtung weiter.

Die Begegnungen zwischen Hündinnen und Rüden verlaufen fast immer unproblematisch. Wesensfeste Rüden sind sogar noch dann freundlich, wenn ein Weibchen ihnen gegenüber giftig wird und schnappt. Sie drehen nur den Kopf zur Seite.

Begegnet ein Rüde einem anderen Rüden, kann es schon zu einer Auseinandersetzung kommen. Rüden neigen eher zu Schaukämpfen und machen mit ritualisiertem Imponieren untereinander aus, wer hier der Dominante ist. Grummeln und Grollen und gegenseitiges Bedrängen sind noch kein Grund zur Annahme, es könnte zu einer Auseinandersetzung kommen, sondern sie gehören zum Ablauf.

Bei Hündinnen dagegen kann es zu echten Beschädigungskämpfen kommen. Und wenn sich zwei Weibchen einmal richtig beharkt haben, ist ihr Verhältnis zueinander kaum wieder zu kitten. Es gibt Phasen im Zyklus, in denen Hündinnen entweder besonders dominantes Verhalten zeigen und aggressiver sind als sonst, aber eben auch Phasen, in denen sie milder gestimmt sind. Diese können Sie gut für Begegnungen mit anderen Hündinnen nutzen.

Begegnen sich Hunde in einer Gruppe, muss schon sehr darauf geachtet werden, dass hier kein Mobbing der Gruppe gegen einen Hund stattfindet. Das passiert vor allem unsicheren Hunden.

Bei Unternehmungen in der Hundegruppe geht es oft sehr ausgelassen zu.

BEISSEREIEN ▸ Sie hören sich fast immer grässlicher an, als sie sind: Beißereien unter Hunden. Solange lautes Knurren und Schnappen zu hören sind, besteht noch kein Anlass zum Eingreifen. Gefährlich wird es erst, wenn nichts mehr zu hören ist.

Aber so lange sollte man nicht warten. Weitergehen und den eigenen Hund zu sich rufen hilft oft schon, die Kontrahenten wieder voneinander zu trennen. Aber nur, wenn das Abrufen von beiden Hunden befolgt wird. Dass der Hund, der herankommt, in den Augen des anderen flüchtet und er ihn verfolgt, sollte nicht passieren.

Wie aber trennt man Hunde, die sich ernsthaft ineinander verbissen haben? Beide Hundebesitzer müssen genau hingucken, so schwer es fällt, und den Augenblick abpassen, in dem die Hunde beim Beißen nachfassen. Jetzt müssen die Hunde sofort auseinander gerissen werden, und zwar möglichst, indem sie an den Hinterläufen gepackt werden – unbedingt beide gleichzeitig. Wird dem Hund der Boden unter den Füßen weggerissen, ist der Schreck meist so groß, dass er loslässt. Wo Sie Ihren Hund auch zu fassen kriegen: Zum Eingreifen gehört so viel Mut, dass Sie froh sein können, wenn Sie den aufbringen und dabei nicht selbst gebissen werden. Die Hunde müssen festgehalten und sofort voneinander abgewendet werden. Gehen Sie weg und schließen Sie Gehorsamsübungen an, aber vorher sollten Sie schon überprüfen, ob Ihr Hund keine Bissverletzung hat.

Jedenfalls darf weder geschrien noch dazwischengeschlagen werden. So etwas heizt die Stimmung nur noch an. Auch der Eimer kaltes Wasser kühlt die Gemüter ernsthaft kämpfender Hunde nicht. Sollten Sie feststellen, dass Sie einen aggressiven Hund haben, der dazu neigt, Beißereien zu beginnen, lassen Sie ihn einen Maulkorb tragen und führen Sie eine Weile nur Begegnungen mit freundlichen Hunden herbei, auf keinen Fall mit einem, mit dem es schon eine Rauferei gab.

▸ **Schlechte Angewohnheiten**
Sollen früher gelernte Unarten dem Hund allmählich wieder abgewöhnt werden, muss er dekonditioniert werden. Das ist zwar weniger schwer als echtes Problemverhalten zu bewältigen, heißt aber noch nicht, dass es einfach ist, vor allem dann nicht, wenn der Hund jahrelang damit nicht nur durchgekommen ist, sondern sogar noch seine Ziele erreicht hat. Ignorieren, übergehen, abwenden, den Kontakt entziehen und zum Teil auch Ersatzverhalten fordern sind die Mittel der Wahl. Was bei schlechten Angewohnheiten des Hundes aber gerade am häufigsten falsch gemacht wird, ist, dass ihm in irgendeiner Form Beachtung geschenkt wird.

Wenn ein bestimmtes Verhalten, das der Hund zeigt, nicht im Lauf der Zeit verschwindet, obwohl Sie doch alles tun, um es ihm abzugewöhnen, muss der Hund mit seinem Verhalten Erfolg haben. Vielleicht bestätigen Sie ihn, ohne es zu merken? Oder loben

Sie an der falschen Stelle, zum falschen Zeitpunkt? Mogelt jemand aus Ihrer Familie und gibt dem am Tisch immer wieder bettelnden Hund doch ab und zu einen Bissen? Jede kleinste Ausnahme führt dazu, dass der Hund merkt, aha, er muss nur hartnäckig genug sein, weitermachen und warten, es lohnt sich eben doch!

BETTELN ▶ Es gibt Hunde, die können unter oder neben dem Tisch sitzen, während die Familie isst, ohne sich zu rühren. Sie werfen nicht einmal einen dieser Jammerblicke, der etwa besagt: Ihr esst, und mich lasst ihr hungern. Vor allem Kinder sind dafür sehr empfänglich, aber wahrhaftig nicht nur sie! Gehört Ihr Hund zu diesen Betteltypen, beachten Sie ihn nicht, sehen Sie ihn nicht an. Oder schicken Sie ihn gleich auf seinen Platz, wenn Sie essen. Geben Sie ihm nicht den kleinsten Bissen vom Tisch, auch nicht Reste. Aber die soll er doch sowieso bekommen? Ja, dann werden sie in seinen Napf gelegt und mit dem Futter herausgegeben. Auch wenn Sie ihn in die Küche rufen und ihm erlauben, Becher von Joghurt und anderen Milchprodukten auszuschlecken, ist das für ihn nur wieder eine Bestätigung. Er lässt sich übrigens schnell auf das Geräusch konditionieren, das entsteht, wenn der Deckel vom Becher abgelöst wird, und kommt sofort. Da es mit einer angenehmen Erfahrung verbunden ist, bleibt es richtig gut im Hundegedächtnis haften. Überlegen Sie deshalb, was Sie Ihrem Hund zugestehen möchten.

STEHLEN UND VERBOTENES FRESSEN
▶ Sie müssen Ihren Hund bei diesen Taten schon in flagranti erwischen, um sie rechtzeitig zu verbieten. Das gelingt aber nicht immer, also provozieren Sie den Hund wieder einmal zu einem Vergehen. Stellen Sie etwas auf den Tisch und führen Sie den Hund daran vorbei. Sagen Sie, wenn er nur die Nase hebt, »Nein«. Ziehen Sie sich dann aus der Nähe des Hundes zurück. Macht er sich über das Essen her, trifft ihn ein Donnerwetter in Form der Klapperbüchse oder eines Wasserstrahls.

Manche Hunde klauen genau die Sachen, die ihren Menschen besonders

> ▶ **Tellington-T Touch**
>
> Bei Verhaltensstörungen bietet sich unter Umständen auch die Anwendung des TTouches an. Ob der Hund unsicher, ängstlich, nervös, überaktiv, reizbar oder aggressiv ist, er ist immer angespannt in diesen Situationen. Der TTouch entspannt und beruhigt, und nicht zuletzt stellt sich dadurch eine Bindung und ein Zugehörigkeitsgefühl ein. Entwickelt wurde diese Methode von Linda Tellington-Jones. Die TTouches sind vor allem kreisende Bewegungen der Haut mit den Fingern, ausgeübt mit unterschiedlichem Druck. Es handelt sich nicht um eine Massage. Linda Tellington-Jones hat die Erfahrung gemacht, dass bei vielen Problemen mit Tieren besondere Berührungen helfen, etwa empfiehlt sie bei Angstbeißern und scheuen Hunden TTouches an der Hinterhand. Es gibt weitere TTouches an den Pfoten, an den Lefzen oder an den Ohren.

lieb und wichtig sind; es gibt da welche, die sich auf die Fernbedienung des Fernsehers spezialisiert haben. Hat auch Ihr Hund etwas gefunden, was er immer wieder mitgehen lässt, präparieren Sie den Gegenstand, indem Sie ihn mit Pfeffer würzen.

Versuchen Sie nie, Ihrem Hund etwas abzujagen, was er geklaut hat. Sie ziehen den Kürzeren und er bemerkt Ihren Schwachpunkt. Außerdem ist das ein nettes Verfolgungsspielchen für ihn. Ignorieren Sie, dass er da etwas abschleppt. Haben Sie Angst um den geklauten Gegenstand oder den Hund, weil er ihn hinunterschlucken könnte, versuchen Sie es mit der erwähnten Art der Ablenkung: Gehen Sie weg, schauen sich scheinbar interessiert etwas an, machen noch eine Bemerkung: »Oooh, was habe ich denn hier?« Geben Sie ihm aber nicht etwa im Tausch ein Leckerchen. Das wäre wieder die Belohnung an der falschen Stelle.

ANSPRINGEN ▶ Ihr Hund kommt freudig auf Sie oder auf andere Menschen, die er kennt, zugerannt und springt mit den Vorderpfoten an Ihnen hoch. Wenn Sie das mögen und nicht ändern wollen – das gibt es auch, dass Menschen so ein Verhalten niedlich finden –, können Sie es nie verbieten, auch nicht, wenn Sie einen neuen Mantel tragen. Sicher sind aber nicht alle anderen Menschen davon angetan, dass Sie einen so begeisterungsfähigen Hund haben. Als Gegenmaßnahme beim Anspringen hilft, dass Sie sich mit dem Körper wegdrehen. Sehen Sie den Hund nicht mehr an, sondern entziehen Sie sich ihm. Ist er ein schwererer Hund, können Sie ihn auch in dem Moment, in dem er Sie anspringt, wegschubsen oder das Knie hochnehmen, sodass er am Oberschenkel abrutscht. Stoßen Sie ihn dabei nicht unter die Schnauze oder in den Bauch.

Eine weitere Möglichkeit ist es, dass Sie den Hund bei Begrüßungen »Sitz« machen lassen.

Das alles legt sich nicht innerhalb von einigen Tagen. Es kann sein, dass Sie Wochen brauchen, damit der Hund eine schlechte Angewohnheit aufgibt.

ZUSCHNAPPEN IM SPIEL ▶ Sie machen Tobespiele mit Ihrem Hund, während er auf dem Rücken liegt, kit-

Anspringen ist eine schlechte Angewohnheit, die sich wieder ablegen lässt.

zeln ihn, umfassen seine Füße, und er reißt nach Hundeart die Schnauze auf, nimmt Ihre Hand zwischen die Zähne. Zwar macht er dazu ein eindeutiges Spielgesicht, aber plötzlich schnappt er fester zu. Sagen Sie laut »Nein« oder »Au«. Ziehen Sie sofort die Hand zurück und richten Sie sich auf. Legen Sie ihm die Hand, nachdem Sie sie zurückgezogen haben, über den Fang und drücken ihn leicht nach unten. Hunde, die spielerisch zuschnappen, haben meist als Welpen schon nicht gelernt, dass das weh tut und nur wohldosiertes Zubeißen erlaubt ist. Sie haben es wirklich nicht böse gemeint, aber das Lernen muss nun nachgeholt werden. Bestraft wird ein Hund nicht, aber dass Beißen im Spiel nicht erlaubt ist, muss er wissen.

Oder schnappt Ihr Hund in seiner Gier zu heftig, wenn Sie ihm ein Leckerchen geben? Dann reichen Sie es nicht mehr mit den Fingern, sondern lassen es ihn von der Handfläche nehmen. Sagen Sie dazu: »Langsam«.

Schnappt er aber ernsthaft nach Ihnen, auch wenn er dabei nicht richtig zubeißt, schließen Sie Gehorsamsübungen an. Kommt das öfter vor, müssen Sie sich Rat holen. Angst kann ebenso dahinter stecken wie (noch) verdeckte Aggressivität.

> **Den Hund zurückgeben?**
>
> Die Probleme, die Sie mit dem Hund haben, sind so gravierend, dass Sie mit ihm wirklich nicht mehr zurechtkommen? Können Sie ehrlich sagen, dass Sie alles versucht haben? Manchmal müssen sich Menschen, die einen Hund mit Vergangenheit haben, wohl leider eingestehen, dass sie sich übernommen haben, dass sie überfordert sind. Das ist ein Eingeständnis, das bei den meisten Menschen wohl nicht ohne Schuldgefühle gelingt. Natürlich tragen Sie dazu bei, dass das Schicksal des Hundes wieder ungewiss ist, dass eine weitere Stufe abwärts für ihn erreicht ist. Zögern Sie dann aber nicht länger. Wenden Sie sich unbedingt, auch wenn dazu viel Mut gehört, an das Tierheim, aus dem Sie den Hund geholt haben, oder an den Zuchtverein, wenn Sie über diese Vermittlung einen Rassehund übernommen haben. Aber geben Sie nie, nie, nie ein Inserat auf, um den Hund abzugeben.

PROBLEMLÖSUNG BESCHÄFTIGUNG

▶ Viele Hunde, wahrscheinlich die weitaus meisten, werden überfrachtet mit Gefühlen, sollen für den Menschen alles Mögliche sein, ihm Partner oder Kind ersetzen, sein Prestige aufwerten oder seine Allmachtsfantasien bestätigen. Kein Wunder, dass diese Hunde Macken haben. Einige Unarten des Hundes verschwinden mit der Zeit, wenn er eine Aufgabe bekommt, wenn er richtig gefordert wird. Das mögen die Besitzer von Gebrauchshunden für Quatsch halten, für nichts als schlechten Ersatz für ernsthafte Hunde-Arbeit. Aber für den Hund ist es eine ausgezeichnete Art der Beschäftigung, wenn er etwa Agility macht oder Obedience oder wenn er auch nur ausgiebig gemeinsam mit seinem Menschen etwas unternimmt. Darum geht es im nächsten Kapitel.

Sport und Spiel und Spaß

109	Auslauf	115	Turnierhundesport
111	Hund am Fahrrad	116	Obedience
112	Hundewanderungen	116	Fährten
112	Viele Spiele	116	Rettungshundeausbildung
115	Im Verein	117	Urlaub
115	Agility		

Neben allem Üben, Trainieren, Basis-Erziehung und Umerziehung, Desensibilisieren bei Problemverhalten und Dekonditionieren bei Unarten darf nie das Spiel mit dem Hund zu kurz kommen. Im Gegenteil, es ist mindestens ebenso wichtig, dass Ihr Hund Sie als anregenden Begleiter erlebt, bei dem auch einfach nur herumgetollt wird, mit dem Abenteuerspaziergänge unternommen werden. Aber das macht mehr Spaß und wird zum sorgloseren Ereignis, wenn der Hund verlässlich ist.

Denn der Hund braucht einmal täglich ausgiebig Auslauf oder zweimal täglich nicht ganz so lange Spaziergänge. So sollte es sein, aber daraus muss keine öde Pflicht werden und Sie drehen schließlich nur noch beide gelangweilt tagaus, tagein dieselbe Runde. Wenn dazu noch miesestes Wetter herrscht und sogar Ihr Hund nach Hause strebt oder sich alle paar Schritte tropfnass nach Ihnen umsieht, als hätten Sie ihn nun genug bestraft, darf der Spaziergang auch mal kürzer sein. Machen Sie dafür am nächsten oder

▶ **Auslauf**

An manchen Orten ist es gar nicht so einfach, noch Gebiete zu finden, in denen Hunde ihrem natürlichen Bedürfnis nach Auslauf, gemeinsamem Spiel und raumgreifendem Rennen nachkommen können. Leinenzwang zu bestimmten Zeiten und in bestimmten Gebieten schränken bisweilen recht stark ein. Dann bietet sich eine Automatikleine an, immerhin erlaubt sie ein bisschen Freiheit, wenn auch eingeschränkt auf einige Meter. Suchen Sie aber immer nach Freilaufgebieten, auch wenn Sie dafür weiter hinausfahren müssen.

▶ **TIPP**

Vor allen längeren Spaziergängen, Fahrradtouren, Wanderungen und anderen Aktivitäten wird der Hund nicht gefüttert. Planen Sie die Unternehmungen für den Vormittag ein, sollte der Hund aber auch nie völlig nüchtern sein. Geben Sie ihm vorweg einige wenige Häppchen oder lassen Sie ihn am Anfang Gehorsamsübungen machen und sich dabei ein paar Leckerchen verdienen. Sein Fressen bekommt der Hund erst dann, wenn Sie mindestens eine halbe Stunde wieder zu Hause sind.

übernächsten Tag wieder einen langen Spaziergang. Und legen Sie trotzdem jedes Mal wenigstens eine kleine Spielrunde und eine kurze Gehorsamsübung ein.

SPANNENDE SPAZIERGÄNGE ▶
Aus der langweiligsten Runde lässt sich trotzdem noch etwas machen. Verstecken Sie zum Beispiel an Stellen, die Sie auf dem Rückweg wieder passieren, Leckerchen und lassen den Hund danach suchen. Werfen Sie Leckerchen oder Spielzeug voraus an den Wegrand ins höhere Gras oder legen Sie eine Fährte aus Leckerchen.

Wenn es in Ihrer Nähe gar keine Möglichkeiten für abwechslungsreichere Spaziergänge gibt, machen Sie doch einmal in der Woche, wobei sich das Wochenende anbietet, einen Ausflug, erobern Sie neues Terrain. Klettert Ihr Hund auf Baumstämme, die am Weg liegen? Überspringt er einen Graben? Und Sie, machen Sie mit? Legen Sie eine Runde Rennen ein, und wenn Ihr

Der Knigge für Spaziergänge

Regeln für den Menschen

▶ Nehmen Sie immer Plastiktüten mit, damit Sie die Hinterlassenschaften Ihres Hundes aufsammeln können.

▶ Leinen Sie den Hund an, wo es vorgeschrieben ist, also in Naturschutzgebieten und Waldflächen, die nicht an den Zugangswegen als für Hunde freigegeben gekennzeichnet sind.

▶ Je nach Hundeverordnungen der Bundesländer herrscht Leinenzwang zum Beispiel auch bei öffentlichen Versammlungen, Aufzügen, Menschenansammlungen, auf Volksfesten, in den Treppenhäusern von Mehrfamilienhäusern, in öffentlichen Grün- und Erholungsanlagen sowie in öffentlichen Verkehrsmitteln.

▶ Nehmen Sie den Hund nicht dahin mit, wo es je nach Hundeverordnung grundsätzlich verboten ist, also zum Beispiel nicht auf Spielplätze, auf Liegewiesen, in Badeanstalten oder an offene Badestellen, nicht in Kindergärten und Schulen und auf Friedhöfe.

▶ Dafür gibt es keine Vorschriften, aber es ist rücksichtsvoll, wenn Sie Ihren Hund heranrufen, sobald Ihnen Jogger, Inline-Skater, kleinere Kinder oder Menschen, die sichtbar Angst haben, entgegenkommen. Auch wenn Ihr Hund sie weder anspringen noch verfolgen oder ihnen in die Quere kommen würde.

Regeln für den Hund

▶ Bevor Sie mit Ihrem Hund etwas Vergnügliches machen, also nur spielen oder sich mit ihm auf einen Abenteuerspaziergang begeben, machen Sie mit ihm noch ein paar Gehorsamsübungen. Dann ist aber erstmal Schluss und es beginnt der lockere Teil des Tages.

▶ Umgekehrt geben Sie dem Hund Gelegenheit für ein paar ausgelassene Renn- und Toberunden, bevor Sie mit ihm etwas unternehmen, wobei er sich konzentrieren und anstrengen muss.

▶ Gehen Sie längere Strecken nicht gerade in der größten Mittagshitze. Verschieben Sie im Hochsommer die Zeit des ausführlichen Spaziergangs lieber auf die früheren Morgen- oder späten Nachmittagsstunden.

Hund schneller ist, wechseln Sie noch schneller immer wieder die Richtung, damit Sie wieder vorn sind. Lassen Sie den Hund all das machen, wozu er gerade Lust hat, etwa buddeln, wenn er dabei nicht gerade in landschaftszerstörender Weise eingreift.

Wenn Sie mit dem Hund regelmäßig joggen möchten, denken Sie daran, dass Sie das Training aufbauen und den Hund nicht gleich von null auf hundert treiben. Das gilt auch, wenn Sie auf Inline-Skatern unterwegs sind. Sie müssen schon geeignete Strecken vor sich haben und sehr gut fahren, dann könnte Sie Ihr Hund sogar ein Stückchen ziehen, wenn er kräftig genug ist.

Als Reitbegleiter brauchen Sie einen sehr verlässlichen Hund, der unterwegs weder seine eigenen Wege geht noch dem Pferd vor die Hufe läuft. Ein verlässliches Pferd brauchen Sie natürlich auch. Pferd und Hund werden zuerst auf gemeinsamen Spaziergängen aneinander gewöhnt. Für den Hund legen Sie unterwegs Trainingseinheiten ein.

▶ **Hund am Fahrrad**

Sie müssen gerade bei einem Hund, der längere Zeit im Tierheim war, damit rechnen, dass er nie sehr ausgiebige Spaziergänge gemacht hat und nicht so fit ist. Es kann schon einige Wochen dauern, bis er wieder in Bestform ist. Seine Kondition muss systematisch aufgebaut werden.

Haben Sie einen besonders lauffreudigen Hund, kann er Sie gut am Fahrrad begleiten, aber erst dann, wenn er sicher »bei Fuß« geht, ohne an der Leine zu ziehen. Üben Sie zunächst, indem Sie das Fahrrad schieben. Läuft Ihnen der Hund vors Vorderrad, drängen Sie ihn zur Seite.

Am Fahrrad hält er sich immer an Ihrer rechten Seite, damit er an Straßen vom Verkehr abgeschirmt ist. Lassen Sie ihn erst eine Weile toben und sich lösen, bevor Sie starten. Sie halten die Leine locker in der Hand, denn Sie müssen sie jederzeit loslassen können. Halten Sie sie nicht zu kurz, damit der Hund noch ausreichend Freiraum hat, aber auch nicht so lang, dass er im Gebüsch am Wegrand verschwinden kann. Es gibt Fahrradhalter, das sind Gestänge, die dafür sorgen, dass der Hund immer den gleichen Abstand zu Ihnen hält. Sie sind aber nur für Wege geeignet, die so breit sind, dass Ihnen noch jemand ausweichen oder Sie überholen kann.

OHNE LEINE ▶ Für den Hund wäre es am besten, wenn die Fahrt durch eine Landschaft ginge, in der er ohne Leine laufen kann. Er könnte am Wegrand schnuppern, wo er es für nötig erachtet, und Sie fahren etwas langsamer weiter oder er muss sich dann ein Stück der

Laufen am Rad wird ganz allmählich gelernt, mit und ohne Leine.

Strecke anstrengen, um Sie wieder einzuholen. Dann sollte er aber jederzeit abgerufen werden können.

Planen Sie keine Riesenstrecken ein. Auch ein Mensch, der nur durchschnittlich fit ist, kommt mit dem Fahrrad bald auf zehn Kilometer. Das ist für den Anfang zu viel für den untrainierten Hund. Beginnen Sie mit kürzeren Strecken und steigern Sie sich allmählich. Fahren Sie nicht in der Mittagshitze und legen Sie, wenn die Strecken länger geworden sind, Pausen ein.

Wollen Sie richtig lange Fahrradtouren über mehrere Tage machen, auf denen Sie am Tag fünfzig Kilometer und mehr zurücklegen, wäre die Anschaffung eines Anhängers, ähnlich denen für Kinder, zu überlegen.

▶ Hundewanderungen

Auf Wanderungen sieht das anders aus. Die Strecken, die der Mensch schafft, sind für den Hund selten ein Problem, es sei denn, er ist besonders winzig oder kurzbeinig. Hunde bringen es ja locker auf die doppelte Wegstrecke, weil sie ständig vor- und zurückrennen. Meine zehn Jahre alte Hündin ist auf Hundewanderungen dreißig Kilometer mitgelaufen, auch in der Hitze und bergauf. Denken Sie daran, für den Hund genügend Trinkwasser mitzunehmen, wenn Sie nicht gerade durch Gegenden wandern, in denen es Bäche oder Seen gibt. Den Hund aus Pfützen oder Entwässerungsgräben trinken zu lassen, ist nicht angebracht.

▶ Viele Spiele

Bevor Sie wild mit Ihrem Hund spielen und toben, sollte feststehen, dass er keine gesundheitlichen Probleme hat, etwa an den Gelenken. Dann darf er

---

▶ Beim Spielen tabu

☐ Spiele mit der Leine. Werfen Sie also nicht die Leine, auch nicht zum Apportieren. Lassen Sie den Hund keine Zerrspiele mit der Leine machen. Sie ist Ihr verlängerter Arm.

☐ Spiele, bei denen der Hund Sie oder eine andere Person hetzt. Auch Wettrennen können plötzlich in eine Hatz umschlagen.

☐ Anspringen im Spiel. Spielt der Hund mit Kindern, könnte er sie dabei umwerfen.

☐ Spiele mit Stöckchen vor allem aus leicht splitterndem Holz. Sie können sich auch im Maul des Hundes verkanten.

☐ Spiele mit Tennisbällen. Die Bälle haben eine Beschichtung, die auf Dauer den Zahnschmelz abschleift.

☐ Spiele mit Steinen. Sie sind für die Zähne schädlich, und manche Hunde schlucken sie.

☐ Zumindest nachzudenken ist über Quietsche-Spielzeug. Damit lernt der Hund nicht, dass er loslassen muss, wenn da etwas quietscht.

☐ Ein Ball sollte nicht so klein sein, dass der Hund ihn verschlucken könnte.

Viele Hunde haben bevorzugtes Spielzeug, der Mensch als Spielpartner ist am wichtigsten.

zum Beispiel nicht springen oder abrupt bremsen oder enge Wendungen nehmen.

Im Prinzip sind die meisten Arten des Spiels Variationen von Jagdspielen. Es geht um alles, was für den Hund mit Nahrungserwerb zu tun hätte, wenn er sich seine Nahrung noch selbst suchen müßte. Zum Beispiel um die Suche nach versteckter Beute in Form von Leckerchen, um Verfolgungen, um das Verteidigen der Beute, um Apportieren, also das Abschleppen von Beute, oder um Buddeln, Toben, Kämpfen. Jeder Hund hat seine Vorlieben. Wenn der eine ohne Unterlass Bällen nachjagt, trägt der andere sie lieber mit sich herum, um sie dann zu zerpflücken.

Spiel ist Spiel? Nicht unbedingt. Es gibt doch einiges zu beachten. Für Spiele, in denen es darum geht, wer Dominanz zeigt, gelten Regeln. Wenn Sie mit dem Hund zum Beispiel Zerrspiele machen: Wer zieht am Ende mit der Beute ab? Es ist zwar nett anzusehen, wie er sich wedelnd und hoch erhobenen Kopfes mit Tau oder Ball davon macht, aber wenn das immer passiert, zeigt es dem Hund, dass Sie gar nicht so clever sind. Spiele, bei denen es um das Demonstrieren von Stärke oder Überlegenheit geht, sollten Sie gewinnen.

Das spielerische In-den-Fang-Nehmen Ihrer Hand ist erlaubt, wenn der Hund dabei ganz zart das Maul schließt, ohne dass auch nur der kleinste Abdruck eines Zahns auf der Haut zu erkennen ist. Knurren ist auch erlaubt, zum Beispiel beim gemeinsamen Zerren an einem Seil, solange er dabei sein Spielgesicht macht. Knurren Sie mit.

Spielen Sie nie so lange, bis es dem Hund langweilig wird und er von sich aus beschließt, dass es nun genug ist. Sie bestimmen rechtzeitig, wann das Spiel beendet wird.

Spielen Sie auch richtig gemeinsam und lassen Sie sich etwas einfallen. Der Hund könnte über Ihr ausgestrecktes Bein springen. Wenn er die richtige

Kleiner Hund und großer Ball, der wie eine Beute verfolgt wird.

Größe hat, kann er durch Ihre gegrätschten Beine laufen, was sich auch bei jedem Schritt zu einer Art Slalom ausbauen lässt. Kleinere Hunde springen durch die zum Ring geformten Arme des Menschen.

SPIELZEUG ▶ Warum bloß nehmen Hunde manche Bälle lieber an als andere? Schnuppern Sie an dem Ball, den Sie kaufen möchten. Manche riechen unangenehm, zumindest für Menschen, manche sind zu hart und manche schnell zerfleddert. Spielzeug sollte nicht aus Hartplastik bestehen, sondern aus Materialien wie zum Beispiel Naturkautschuk oder Baumwolle. Wenn Ihr Hund ein Spielzeug bekommt, achten Sie darauf, dass er es nicht zerlegt und Stückchen davon hinunterschluckt. Er soll sich aber mit einem unbedenklichen Spielzeug auch einfach nur nach Lust und Laune beschäftigen dürfen. Obwohl es den meisten Hunden mehr Spaß macht, mit ihrem Sozialpartner Mensch zu spielen, kann es doch sein, dass sie ganz alleine mit einem Spielzeug herumtollen. Das Vergnügen sollte man ihnen gönnen.

Bälle und andere Wurfspielzeuge mit Seil sind für Menschen angenehmer aufzunehmen, wenn sie nass gesabbert sind, und sie können dem Hund leichter aus dem Maul gezogen werden. Viele Hunde beißen das Seil

> **TIPP**
> *Ist Ihr Hund eher ein Spielmuffel? Vielleicht überreden Sie ihn trotzdem und wecken sein Interesse. Lassen Sie das Spielzeug nicht ständig erreichbar liegen. Versuchen Sie es auch mal mit alten Wollsocken, einem alten Hut oder zerrissenen Jeans. Oder legen Sie einen Ball in einen Stoffbeutel, den Sie an die Garderobe hängen. Bevor Sie hinausgehen, greifen Sie zum Beutel, schauen hinein und sagen höchst erstaunt: »Was ist denn das hier?« Kommt Ihr Hund daraufhin angelaufen, zeigen Sie ihm kurz, was Sie da haben. Dann nehmen Sie Beutel und Ball mit auf den Spaziergang, wiederholen den Satz und werfen jetzt den Ball.*

allerdings bald durch. Verstecken Sie in einem gut verknoteten Einkaufsbeutel aus Stoff einen Ball oder einen anderen Gegenstand oder stopfen Sie alte Stoffreste hinein, dann ist daraus auch ein gutes Wurfspielzeug geworden.

▶ **Im Verein**
Vielleicht macht es Ihnen auch mehr Spaß, nicht immer mit Ihrem Hund allein etwas zu unternehmen. Suchen Sie nach Angeboten von Hundevereinen. Da könnten Sie dann zum Beispiel die

Begleithundeprüfung ablegen, Turnierhundesport oder Agility betreiben oder Obedience machen. Viele Rassehundevereine sind offen auch für Hunde anderer Rassen oder für die gemischtrassigen Hunde. Vorher sehen Sie sich an, was dort verlangt wird, ob Spiel und Spaß möglich sind oder ob Hunde eher als Sportgerät angesehen werden.

AGILITY ▶ Gerade wenn Ihr Hund sehr bewegungsfreudig und lerneifrig ist und Sie kaum dazu kommen, ihn genügend zu beschäftigen, und natürlich nur, wenn er gesund ist, ist Agility richtig für ihn. Beim Agility setzen Hunde über Hürden, laufen durch Tunnel, eine Slalomstrecke, über einen Steg, auf eine Wippe, klettern über eine Schrägwand oder springen auf einen

Tisch. Der Parcours ist aus bis zu 20 Hindernissen aufgebaut. Der Hund wird ohne Halsband und Leine auf den Weg geschickt und durch Zurufe und Handzeichen auf die richtige Strecke gewiesen. Agility ist eine schnelle Sportart für Hunde – und für Sie, denn Sie müssen durchaus das eine oder andere Stückchen mitrennen.

TURNIERHUNDESPORT ▶ Ob kleiner oder großer Hund, Turnierhundesport (THS) oder Breitensport kann jeder machen, wobei nur beim Hindernislauf in zwei Gruppen eingeteilt wird: Hunde bis 50 cm und Hunde über 50 cm Schulterhöhe. Bei Wettkämpfen starten männliche und weibliche Hunde getrennt und die Wertung erfolgt getrennt nach Altersklassen.

Es gibt vier verschiedene Disziplinen: Vierkampf, der sich aus Gehorsamsübung, Slalomlauf, Hürdenlauf

Agility wird am Anfang nur mit Hilfestellung gelernt.

Fortgeschrittene Hunde setzen mit Leichtigkeit über die Hindernisse.

Schwimmen ist für viele Hunde ein Spaß, und gesund ist es für sie auch.

und Hindernislauf zusammensetzt, Hindernislaufturnier, Combinations Speed Cup und 2000-m/5000-m-Geländelauf. Es kommt bei allen Läufen auf Schnelligkeit und Fehlerfreiheit an. Die Hunde laufen entweder frei oder angeleint, und Hund und Halter müssen sich immer auf gleicher Höhe befinden, wobei die Hundeführer neben den Hindernissen laufen. Am Schluss ist es die gemeinsame Leistung, die bewertet wird.

OBEDIENCE ▶ Über Gehorsam, wie er etwa bei der Begleithundeprüfung gezeigt werden muss, geht Obedience hinaus. Der Hund muss nicht nur die ganze Palette der Unterordnung beherrschen, sondern er befindet sich auch in bestimmter Entfernung zu Ihnen und darf nicht durch Zuruf, sondern nur durch Handzeichen angeleitet werden. Das Erlernen von Sichtzeichen ist also Voraussetzung. Der Hund muss zudem einen Gegenstand herausfinden, der seinem Besitzer gehört. Wird die Prüfung abgelegt, steht vorher der Verlauf der Übungen nicht fest. Obedience erfordert äußerste Konzentration. Freies Toben und Spielen vorher und nachher erübrigen sich also nicht.

FÄHRTEN ▶ Auch die Ausbildung zum Fährtenhund erfordert die volle Konzentration des Hundes. Er lernt, auf das Hörzeichen »Such« eine zuvor gelegte Fährte zu verfolgen. Am Anfang ist die Strecke nur kurz, und der Hundeführer legt sie selbst – aus Leckerchen. Im Verlauf des Trainings werden sie durch Gegenstände ersetzt. Der Hund muss schließlich bei jedem Gegenstand stehen bleiben oder »Sitz« machen, und im weiteren Verlauf werden die Fährten komplizierter und verwinkelter. Bei der Suche wird der Hund an einer 10-m-Leine geführt.

RETTUNGSHUND ▶ Zweimal in der Woche über zwei Jahre wird in der Regel das Training angesetzt. Aufgebaut wird dabei die Suche des Hundes im Gelände nach einem Menschen. Das Interesse zu suchen wird mit Leckerchen geweckt. Die Arbeit verlangt, dass der Hund nicht nur zu seinem Menschen eine enge Bindung hat, sondern grundsätzlich sozial verträglich ist. Er muss unerschrocken, selbstständig und sicher vorm Schuss sein. Auch der Mensch muss einiges lernen, etwa den Umgang mit Kompass und Karte und selbstverständlich Erste Hilfe.

Nur aus Spaß wird diese Ausbildung nicht gemacht. Im Ernstfall kommt es auf die Suche nach Vermissten an, zum Beispiel nach Erdbeben. Ein fertig ausgebildeter Hund kann mit Ihnen – und Sie sind ehrenamtlich dabei – weltweit zum Einsatz geschickt werden.

Urlaub

Nicht ohne meinen Hund, sagen sich viele Hundehalter, denn dann haben sie endlich einmal viel Zeit füreinander. Eine Reise mit Hund sollte schon gründlich vorbereitet werden. Da heißt es, sich auf die Suche nach Urlaubsgebieten zu machen, die für Hunde geeignet sind, Ausschau zu halten nach hundefreundlichen Hotels, Pensionen, Ferienwohnungen oder Campingplätzen, und das Angebot ist zum Glück auch groß genug. Für den Hund muss selbstverständlich auch bezahlt werden, von zwei Euro an aufwärts am Tag. Alles, was der Hund auch zu Hause braucht, muss mitgenommen werden, einschließlich Impfpass. Für die Fahrt wird Wasser bereitgehalten. Dauert sie länger, müssen zwischendurch Pausen eingelegt werden. Die tun auch Ihnen gut.

Eine Fahrt in öffentlichen Verkehrsmitteln planen Sie besonders überlegt und schrecken nicht vor Umständlichkeiten zurück. Steigen Sie zum Beispiel bei längeren Bahnfahrten besser einmal mehr um, damit Sie Gelegenheit haben, den Hund in eine bahnhofsnah gelegene Grünanlage zu führen. Haben Sie einen größeren Hund, muss er bei Fahrten in den öffentlichen Verkehrsmitteln unter Umständen einen Maulkorb tragen.

Das kann auch bei Reisen in andere Länder der Fall sein, etwa Italien oder Österreich, auch wenn es zum Glück nicht immer so streng überwacht wird.

Für Reisen in einige Länder, etwa Schweden, Norwegen, Großbritannien, gelten besondere Regelungen.

Und wenn es gar nicht geht, wenn der Hund nicht mitkommen kann, haben Sie sich rechtzeitig um einen wirklich guten Ferienplatz für ihn gekümmert. Sei es bei Freunden, die den Hund kennen, oder, oft eine nicht so gute Lösung, in einer Tierpension. Es besteht auch die Möglichkeit, über den Deutschen Tierschutzbund für einen verträglichen Hund einen Platz zu suchen. Nach dem Motto »Nimmst du mein Tier, nehm ich dein Tier« wird von den örtlichen Tierschutzvereinen aus die auf Gegenseitigkeit beruhende Vermittlung von Haustieren organisiert.

Dass Sie sich ansehen, wohin Ihr Hund kommt, und mit den Menschen, die ihn übernehmen, ausführlich alles besprechen, ist klar.

Für Ihren Hund aus dem Tierheim oder aus anderer Vermittlung ist es aber sehr wichtig, dass er nicht ohne Sie zurückbleibt, wenn er noch keine enge Bindung zu Ihnen hat. Vertrauen aufbauen in jeder Hinsicht, und dazu gehört, dass Sie gemeinsam mit dem Hund die so genannte schönste Zeit des Jahres verbringen, ist das vorrangige Ziel.

Auch im Winterurlaub dabei: Finja im Schnee im Gebirge.

Service

119	▶ Nützliche Adressen	122	▶ Impressum
119	▶ Zum Weiterlesen	123	▶ Hundepass
120	▶ Register	124	▶ Infoline

▶ Nützliche Adressen

Deutscher Tierschutzbund e.V.
Baumschulallee 15
53115 Bonn
Tel.: 02 28 – 6 04 96 0
Fax: 02 28 – 60 49 06 41
bg@tierschutzbund.de
www.tierschutzbund.de

Haustierregister und Tiersuchdienst im DTB e.V.
Tel.: 0 18 05 – 23 14 14

Tierdiebstahlregister
Tel.: 0 18 05 – 23 14 14

Urlaubs-Beratungs-Telefon des DTB e.V.
Tel.: 02 28 – 6 04 96-27

Verband für das Deutsche Hundewesen e.V.
Westfalendamm 174
44141 Dortmund
Tel.: 02 31 – 5 65 00-0
Fax: 02 31 – 59 24 40
info@vdh.de
www.vdh.de

Bundesverband für das Rettungshundewesen
Tel.: 0 61 06 – 6 12 00
www.rettungshunde-brh.de

▶ Zum Weiterlesen

Beck, Peter: Das Beste für meinen Hund. Kosmos, Stuttgart 2000.
Bloch, Günther: Der Wolf im Hundepelz. Westkreuz, 1997.
Durst-Benning, Petra und Carola Kusch: Der große Spiele-Spaß für Hunde. Kosmos, Stuttgart 1997.
Feddersen-Petersen, Dorit und Frauke Ohl: Ausdrucksverhalten beim Hund. Gustav Fischer, Jena/Stuttgart 1995.
Feddersen-Petersen, Dorit: Grundlagen einer tierschutzgerechten Ausbildung von Hunden. VDH, Dortmund 1999.
Feddersen-Petersen, Dr. Dorit: Hundepsychologie. Kosmos, Stuttgart 2000.
Harries, Brigitte: Hundesprache verstehen. Kosmos, Stuttgart 1998.
Hertrich, Hans-Günter: Hundespaß Agility. Kosmos, Stuttgart 1998.
Hoefs, Nicole und Petra Führmann: Erziehungsspiele für Hunde. Kosmos, Stuttgart 2002.
Hoefs, Nicole und Petra Führmann: Das Kosmos-Erziehungsprogramm für Hunde. Kosmos, Stuttgart 1999.
Jones, Renate: Welpenschule leichtgemacht. Kosmos, Stuttgart 1997.
Lausberg, Frank: Erste Hilfe für den Hund. Kosmos, Stuttgart 1999.
Nijboer, Jan: Hunde erziehen mit Natural Dogmanship®. Kosmos, Stuttgart 2002.
Pietralla, Martin: Clickertraining für Hunde. Kosmos, Stuttgart 2000.
Pryor, Karen: Positiv bestärken, sanft erziehen. Kosmos, Stuttgart 1999.
Schöning, Dr. Barbara: Hundeverhalten. Kosmos, Stuttgart 2001.
Tellington-Jones, Linda: Tellington-Training für Hunde. Kosmos, Stuttgart 1999.
Trumler, Eberhard: Der schwierige Hund. Kynos, Mürlenbach 1994.
Trumler, Eberhard: Hunde ernst genommen. R. Piper, München/Zürich 1974.

Trumler, Eberhard: Ratgeber für den Hundefreund. R. Piper, München/Zürich 1977.

Winkler, Sabine: Hundeerziehung. Kosmos, Stuttgart 2000.

Winkler, Sabine: So lernt mein Hund. Kosmos, Stuttgart 2001.

Wright, John C. und Judi Wright Lashnits: Wenn Hunde machen was sie wollen ... Kosmos, Stuttgart 2001.

Zimen, Erik: Der Hund. Goldmann, München 1992.

▶ **Register**

Abgabe 33, 107
Aggressionen 100
Alpha-Position 58
Anschaffung 15
Anspringen 106
Aus! 84
Auswahl 9, 15, 22, 30
Auto fahren 66
Begleithundprüfung 74
Beißereien 104
Belohnen 61
Betteln 105
Bindung 62, 99
Bleib! 86
Disc 87
Dominanz 55
Entwicklungsphasen 92
Entwurmung 44
Ernährung 48
Erstausstattung 20, 33
Erste Nacht 38
Erste Tage 36
Ersthund 20
Erziehung 36, 55, 71
Fahrrad fahren 111
Fährten 116
Fellpflege 46
Flohbefall 15, 45
Freilauf 78
Fresszeiten 40
Fundhund 6, 13
Fuß! 85
Futter 48
Gebiss 47
Gesundheit 27, 44
Grunderziehung 69
Haftpflicht 20, 43
Halti 88
Handscheu 93
Herkunft 12
Hörzeichen 42, 71
Hundebegegnungen 68, 102
Hundeschulen 88
Hundesteuer 20, 43
Hundetreffen 102
Hündin 27
Impfungen 15, 20, 44
Kinder 101
Komm! 77
Körpersprache 36
Kosten 20
Krankheitsanzeichen 44
Leckerchen 50, 75
Lernen 79
Loben 61
Markieren 57
Mikrochip 42
Nachbarn 41
Nein! 82
Notvermittlung 6, 12
Parasiten 45
Pflegeaufwand 29
Pflegestelle 14
Pfui! 84
Platz! 84
Prägungsphase 92
Problemverhalten 54, 91, 107
Pubertätsphase 92
Rangordnung 55, 92
Rassehunde 12, 23
Registrierung 42
Resozialisierung 14
Rüde 27
Schlafplatz 38
Schleppleine 79
Selbstsicherheit 57
Sichtzeichen 73
Signale 42
Sinne 65
Sitz! 83
Sozialisierungsphase 92
Spaziergang 18, 41, 110
Spiel 109, 112
Sport 109
Stehlen 105
Strafen 62
Streunen 14, 81, 97
Tagesrhythmus 40
Tätowierung 13, 42, 44
Tellington-TTouch 105
Tierarzt 15, 43
Tierheim 15
Trennungsangst 54, 93
Umerziehung 6, 69
Umwelterziehung 64, 97
Unarten 91, 104
Urlaub 6, 14, 117
Vegetative Phase 92
Verbellen 99
Vermittlung 12
Versicherung 43
Vorgeschichte 6
Welpe 17, 23
Wildern 97
Wurfkette 80
Zecken 45
Zeitaufwand 34
Zweithund 20, 32, 89

PraxisWissen Hund

Die Ratgeber mit dem großen Service

Weitere Titel aus der Reihe PraxisWissen Hund:

- Berner Sennenhund
- Bullterrier
- Cairn Terrier
- Dackel
- Deutsche Dogge
- Deutscher Schäferhund
- Dobermann
- Erste Hilfe für den Hund
- Golden Retriever
- Hovawart
- Hundeernährung
- Hundeerziehung
- Hundehaltung
- Hundeverhalten
- Jack Russell Terrier
- Labrador Retriever
- Mischlinge
- Neufundländer
- Riesenschnauzer
- Rottweiler
- Westie
- Zwergschnauzer

Die Reihe wird fortgesetzt

Christel Fechler
Entlebucher Sennenhund

124 Seiten
105 Abbildungen
gebunden

ISBN 3-440-08031-5

Dr. med. vet. Barbara Rustige
Hundekrankheiten

124 Seiten
94 Abbildungen
gebunden

ISBN 3-440-07798-5

www.kosmos.de

Bildnachweis

Farbfotos von Peter Beck (1, S. 15), Carlo Ercolani (2, S. 17, 18), Heike Erdmann/Kosmos (1, S. 26u), Jodi Frediani/Kosmos (1, S. 51), Boris Gnielka (9, S. 3, 67, 68, 87, 89, 106, 108, 109, 117), Thomas Höller/Kosmos (18, S. 2, 30r, 4/5, 6, 26o, 26m, 28, 32, 34, 43, 50, 57, 61, 66, 83, 84, 103, 115u), Marc Rühl/Kosmos (1, S. 29l), Christof Salata/Kosmos (alle übrigen 49 Aufnahmen), Dr. Claudia Toll (13, S. 9, 25, 39, 54u, 63, 65, 80, 93, 98, 115o, 116, 124 beide).
1 Schwarzweiß-Zeichnung von der Interessengemeinschaft Deutscher Hundehalter (S. 23).

Umschlag von Atelier Reichert, Stuttgart, unter Verwendung von 3 Farbfotos von Christof Salata/Kosmos.

Mit 95 Farbfotos und 1 Schwarzweißzeichnung.

Die Deutsche Bibliothek – CIP-Einheitsaufnahme
Ein Titelsatz für diese Publikation ist bei
Der Deutschen Bibliothek erhältlich

Alle Angaben in diesem Buch erfolgen nach bestem Wissen und Gewissen. Sorgfalt bei der Umsetzung ist indes dennoch geboten. Der Verlag und die Autorin übernehmen keinerlei Haftung für Personen-, Sach- oder Vermögensschäden, die aus der Anwendung der vorgestellten Materialien und Methoden entstehen könnten.

Informationen senden wir Ihnen gerne zu

Bücher · Kalender · Spiele · Experimentierkästen · CDs · Videos · Seminare
Natur · Garten & Zimmerpflanzen · Heimtiere · Pferde & Reiten · Astronomie ·
Angeln & Jagd · Eisenbahn & Nutzfahrzeuge · Kinder & Jugend

KOSMOS Postfach 10 60 11
D-70049 Stuttgart
TELEFON +49 (0)711-2191-0
FAX +49 (0)711-2191-422
WEB www.kosmos.de
E-MAIL info@kosmos.de

Gedruckt auf chlorfrei gebleichtem Papier

© 2002, Franckh-Kosmos Verlags-GmbH & Co., Stuttgart
Alle Rechte vorbehalten
ISBN 3-440-08975-4
Redaktion: Angela Beck
Gestaltungskonzept: eStudio Calamar
Satz und Layout: Andrea Kunkel, Stuttgart
Printed in Czech Republic / Imprimé en République tchèque
Druck und Bindung: Těšínská Tiskárna, a.s., Český Těšín

Der Kosmos Verlag ist Mitglied in der
GKF
Gesellschaft zur Förderung Kynologischer Forschung e. V.
Postfach 140353
53058 Bonn
Service-Telefon
01 80 / 3 34 74 94

Hundepass

▸ NAME

▸ GESCHLECHT ▸ TÄTOWIERUNG

▸ GEWORFEN AM ▸ BEKOMMEN AM

▸ BESONDERE MERKMALE

▸ WICHTIGE ADRESSEN
▸ TIERARZT

▸ TIERÄRZTLICHER NOTDIENST

▸ HUNDEVEREIN

▸ HUNDEPENSION

▸ HAFTPFLICHTVERSICHERUNG

▸ ZOOFACHHANDEL

InfoLine

DR. CLAUDIA TOLL

hat Erfahrungen mit Hunden in verschiedenen Tierheimen und hält seit vielen Jahren eigene Hunde – auch aus zweiter Hand. Als Journalistin schreibt sie über die Themen Natur und Umwelt, Tiere und Mensch-Tier-Beziehungen, vor allem die zu Hunden. Sie hat bereits mehrere erfolgreiche Bücher über Heimtiere veröffentlicht.

Sie können sich mit Ihren Fragen und Problemen an Dr. Claudia Toll wenden. Schreiben Sie an die »Hunde-Infoline« (bitte mit Rückporto):

Kosmos-Verlag
»Hunde-InfoLine«
Postfach 10 60 11
D-70049 Stuttgart